儿童自我管理能力训练全书

独立自主的生活能力

贾　军◎著

中国婦女出版社

图书在版编目（CIP）数据

儿童自我管理能力训练全书．独立自主的生活能力 / 贾军著．-- 北京 ：中国妇女出版社，2021.9
ISBN 978-7-5127-2009-1

Ⅰ．①儿… Ⅱ．①贾… Ⅲ．①自我管理－儿童读物 Ⅳ．①C912.1-49

中国版本图书馆CIP数据核字（2021）第130422号

儿童自我管理能力训练全书——独立自主的生活能力

作　　者：贾　军　著
项目统筹：赵　曼
责任编辑：陈经慧
封面设计：尚世视觉
责任印制：王卫东
出版发行：中国妇女出版社
地　　址：北京市东城区史家胡同甲24号　　邮政编码：100010
电　　话：（010）65133160（发行部）　　65133161（邮购）
网　　址：www.womenbooks.cn
法律顾问：北京市道可特律师事务所
经　　销：各地新华书店
印　　刷：北京中科印刷有限公司
开　　本：165×235　1/16
印　　张：10
字　　数：140千字
版　　次：2021年9月第1版
印　　次：2021年9月第1次
书　　号：ISBN 978-7-5127-2009-1
定　　价：49.80元

版权所有·侵权必究　（如有印装错误，请与发行部联系）

PREFACE

前　言

人生就像长跑，在每一段路程中，都会遇到不同的路况，也会看到不同的风景。

那么，人生初始阶段，如何让孩子有能力应对各种路况，并懂得欣赏身边的风景呢？这一直是我念念不忘的事业。

回顾我23年的职业生涯，从1999年第一家早教中心开始营业到现在，在对很多家庭做定期回访的过程中，我一直与很多家庭和孩子保持着亲密的联结，关注着一拨拨的孩子从早教中心进入幼儿园，再步入小学、中学、大学。他们成长的每个阶段、每次收获，每个与我的分享，都积攒在我的案头，沉淀在我的脑海里。

记得有一个孩子经常给我打电话，汇报他的近况，我看着他考进名校，当选学生会主席。如今他大学毕业，在一家外资银行工作。我曾很好奇地问他："为什么你这么积极努力呢？"他回答我："因为世界那么有趣，我觉得很有意思，我想去探索。"这种内驱力很打动我。我知道，这是他一切力量的源泉，而收获如今这样的硕果是因为小时候他的心里就埋下了好奇的种子。

这样的故事有很多，这样的孩子也有很多。

其实，不单是别人家的孩子，我自己养育的一双儿女也让我在这份小小的试验田里收获了满满的惊喜。

我一直都觉得，爱能够让孩子更有安全感、更有力量，所以在我儿子很小的时候，我就将这颗爱的种子种了下去。儿子9岁那年，我带他去九寨沟玩儿。那天，餐厅里闯进来一头受惊的牦牛，因为儿子穿了一件大红色的上衣，牦牛朝他冲过去，把他顶了起来。被救下来的时候，他的后背被划开了一个长长的口子，流了很多血。我当时吓得失魂落魄，儿子却很镇定地安慰我："妈妈，别哭，我伤得不重，不会有事儿的。"然后，他还笑着开玩笑："大夫都说了，幸亏是个小孩，体重轻，摔下来不严重，要是个大人，那可就惨啦。你看，我救了大家呢。"我很感动，一直在想，是什么让小小的他在面对突发的事故时，表现得这么镇定、幽默、乐观积极。我能想出来的唯一解释就是，有爱的孩子有力量。

很多父母跟我说，他们对孩子没有苛求，只是期待他能够从悦纳自己、喜欢家人、自在生活、高效做事开始，能够和谐地与自己相处，对环境友好，最终融入社会，建立一份属于自己的小事业。这些朴实的愿望，也正契合了联合国教科文组织总结的教育的4个目标——学会生活、学会做事、学会交往、学会学习。

这样一份提纲挈领的目标，让我有了出版《儿童自我管理能力训练全书》的想法。这套书分为4册，围绕4个目标、48个主题，全方位培养孩子的自我管理能力。我希望能够用我20多年的经验和养育实践汇聚成的这4本书，给家长一个读懂孩子行为的视角，让忙碌的家长能够轻松学习基本理论，参照书中提供的方法，按图索骥，创造出适合孩子成长的环境，在与孩子的互动交流中、在丰富的游戏里体验成长的快乐。

我一直认为，亲情是天生的，爱则需要学习。真希望借由这套书让忙碌的中国父母都能轻松成为有力量的父母。我相信，孩子会因为父母的这份力量，养成自我管理的能力，并受用一生。

CONTENTS

目　录

CHAPTER

1

不用追着喂

儿童行为问题

3岁的小博精力旺盛、活泼可爱，但就是不乖乖吃饭。开饭了，小博从来不主动坐在饭桌前吃饭，妈妈使出浑身解数，左喊右哄，好不容易让他来到餐桌前，也是随便吃上两口就要跑开，妈妈只好追着喂。对此妈妈感到特别苦恼。

贾军老师来解读

追着喂饭的实质是什么

第一，可能家长太焦虑了，害怕孩子没吃饱，没摄入足够营养，不相信他有能力自己吃。没有确切的证据，你就是不相信。

第二，可能家长太懒了，觉得与其让孩子自己吃，饭菜弄得到处都是，油渍弄在衣服上，甚至把饭碗弄倒，搞得一片狼藉，不如喂饭来得更轻松、更简单。

第三，可能家长太散漫了，该有的规则没制订起来，吃饭随意，吃零食随意，孩子无所依托，自然享受不到规则带来的有序和安宁，一旦有了要求，餐桌大战在所难免。

吃饭是一种能力，需要培养

和走路、说话一样，自己吃饭是孩子成长过程中需要学习的一项重要技能，而且是一种综合技能。孩子需要同时具备手眼协调能力、手部精细动作能力、对食物的认识与好奇心，以及自我服务的独立意识。这也是孩子逐渐获得信心、养成健康饮食习惯的过程。

你要相信，饿了吃，是人的天性

饿了就吃是人的本性。顺应孩子的天性去做事，才是聪明的父母。如果孩子吃得少，就想办法调动他多打一场球，多跑会儿，让他感觉到饿，吃什么都香。还有，如果排除生病的原因，只是因为贪玩不想吃饭，顾不上吃饭，那就饿一顿，等下一顿就知道好好吃饭了。

你还得相信，孩子自己挑选食物完全没问题

1928年，克拉拉·戴维斯医生针对孩子的吃饭问题做过一个实验。他发现，如果提供给孩子足够丰富和健康的食物，即便是8个月左右的孩子，也有能力搭配出较为合理的饮食组合。孩子真的把自己喂得很健康，不胖也不瘦，刚刚好。

知识链接：克拉拉医生的实验

连续半年，克拉拉医生每餐为7～9个月大的3个孩子提供10道不同的菜。这10道菜里的食物原料都是天然有营养的肉、鱼、谷物、鸡蛋、水果、蔬菜等，经过简单料理后端上桌。吃饭时，孩子自己选，自己抓，自己吃。6个月之后，这3个孩子在发育、外表和活动等方面都是最佳状态。

关于吃饭，给孩子美好的回忆吧

压力、紧张、强迫，都会让吃饭变得不轻松。当吃饭的情绪变得复杂，自然就会出现很多问题。所以，保持愉悦的心情，不给孩子压力，不强迫，在轻松的气氛下进食，这对于家长和孩子来说非常重要。

贾军老师来支招

让孩子学会自己吃饭，是一件简单又负责的事情。父母要想不追着喂饭，除了需要有耐心，还要有好方法。

了解孩子吃饭的能力发展历程

从4个月开始，孩子就在练习自己吃饭的技能了。一起来看看孩子学习自己吃饭的发展历程吧。

月龄	能力表现
4~6个月	能伸手抓取食物。
6~8个月	主动张嘴接受勺子喂食，能吮吸杯子中的水，会用手捧住奶瓶。
8~12个月	喜欢用手抓取食物，通过精细的拇指、食指远端夹取，主动放开食物。可以自己吃手指状食物。能拿勺子，但还不会使用。
13~15个月	会尝试自己用勺子装上东西放进嘴里。

续表

月龄	能力表现
16~18个月	会双手端水杯、会用勺取物。
19~24个月	会正确地使用勺子。
2~3岁	会独立用勺子吃饭，会一手端碗。
3~4岁	能很好地自己用勺子吃饭。
4~5岁	能熟练地用勺子吃饭，并学习用筷子吃饭。
5~6岁	能正确使用筷子吃饭。

注：以上发展阶段仅供参考，每个孩子都有自己独特的发展历程。

为孩子自己吃饭提供支持和帮助

鼓励并支持孩子尝试自己吃饭，对他的每一点进步给予热烈的赞赏，给他信心。

- 一开始，让孩子练习用手抓取食物进餐，感受自己拿东西吃的成就感，并练习手指之间的配合。

• 根据孩子的发展水平，在1岁左右就可以把勺子交给孩子，给他练习的机会。

• 为孩子提供适合的食物，比如，切好的水果等较软的块状食物，方便他练习取用。

• 为孩子提供丰富、健康的食物，调动他的进餐兴趣，保证他的营养和健康。

• 3岁以后，可以让孩子开始练习使用筷子。这是一项复杂的技能，要对孩子有耐心。

• 在孩子学习的过程中，家长要给出具体、正确的示范。

知识链接：提供健康饮食环境，少让孩子食用高油、高糖的加工食品

孩子确实有自己正确挑选食物的能力，但前提是你要给他创造一个健康的饮食环境。科学家曾用老鼠做过一个实验：他们给一组老鼠喂简单的天然食物，这组老鼠会控制自己，不会吃太多食物；他们给另一组老鼠喂超市售卖的食物，如饼干、巧克力、香肠、花生酱、奶酪等，这些老鼠无法抵挡诱惑，忘记了身体需要，吃下了2倍以上的量。

给孩子建立吃饭规则

父母可以根据自己家里的情况，来决定吃饭时的规矩。哪些行为是被允许的，哪些则不被允许。需要注意的是，在制订规则的同时，父母也要遵守规则。基本规则包含以下3个方面。

- **什么时间吃**

根据孩子的生长发育情况，父母规定一天供应几次正餐、几次加餐，在什么时间供应，并将食物端上桌。

- **在哪儿吃**

吃饭时必须坐在餐桌前或自己的餐椅里。

- **如何吃**

不能边吃边玩；

不能边看电视边吃；

离开桌子表示吃完了，就不能回来接着吃；

吃饭时间是30分钟，时间过了，饭菜要被收走……

这两件事，请放手让孩子自己决定

- **我要不要吃**

不要强迫孩子吃这个或那个。

让孩子和大人同桌吃饭。他会看到桌上有什么菜，而且自己决定要不要吃。

- **我要吃多少**

不要强迫孩子一定要吃多少，可以根据他的要求，少量多次地给他添加食物。

好好吃饭的两个原则

□ 父母决定：吃什么，何时吃，如何吃。

□ 孩子决定：吃不吃，吃多少。

由孩子自己决定吃餐桌上的哪些菜。当他吃够了，就会停下来。

小游戏，大能力

如何让孩子爱上吃饭？这个问题让很多家长困惑不已，他们不知道该如何引导孩子。这里提供给家长一些游戏方案，赶紧带孩子玩起来吧！

小练习丨自己拿勺舀米饭

活动目的：训练手眼协调，锻炼手腕的灵活性，帮宝宝拿稳勺子。

活动准备：勺子、小碗、儿童餐椅、儿歌《小勺子》。

活动过程：

• 宝宝坐在儿童餐椅上。

• 将装有米饭的小碗端给宝宝，家长握住碗底保持固定，或者将有吸盘的碗固定在餐台上。

• 把宝宝平时用的勺子给他，让宝宝自己拿着勺子练习吃饭。

• 可以给宝宝念首儿歌鼓励他。

注意事项：米饭有黏性，容易舀到勺子上，这样能给宝宝信心。

《小勺子》

小勺子，手中拿，小手腕，动一下，

小勺子，拿好了，吃东西，舀一下。

小游戏 | 让吃饭变有趣——面包先生

活动目的：小肌肉精细动作的锻炼，发展想象力和创造力。

活动准备：面包片、圣女果、海苔。

活动过程：

• 取一片面包，在面包片靠上的位置挖出两个洞，并启发宝宝："两个洞像不像一双眼睛？"

• 取一颗圣女果放在两个洞之间的下方，再启发宝宝说："圣女果像不像一个红鼻头？"

• 和宝宝一起用这些食材造出一个面包先生。

注意事项：家长只做引导和辅助，主要由宝宝完成创作过程。

喂养热点问答

Q：孩子1岁多，吃饭不喜欢用勺子，总是用手抓，怎么办？

A：用手抓东西能练习手指间的配合，让孩子感受自己拿东西吃的成就，是孩子最开始自己吃饭的方式。1岁多的孩子，手眼协调能力、手腕灵活性都还不强，用手比用勺子会更自如一些，成就感也更大一些。此时，家长要做的是帮孩子把手洗干净，支持他用手探索，享受自己吃的乐趣。同时，多跟孩子玩一些锻炼手眼协调能力和手腕灵活性的小游戏，比如舀豆子、舀米饭，帮他慢慢学会使用勺子。

Q：我家孩子吃饭困难，要想让他坐下来吃饭就得打开电视或者手机，怎么办？

A：很多家长因为孩子贪玩不愿坐下来好好吃饭，或者担心孩子吃不饱，就打开电视、手机，利用动画片吸引孩子的注意力，顺便多喂孩子吃几口饭。慢慢地，孩子就养成了习惯。

要改变这样的局面，首先，要改变自己想让孩子多吃的执念，把吃饭这件事的责任还给孩子，不纠结他吃多少、吃什么，做好家长分内的事情。其次，制定吃饭的规则很重要。能做什么，不能做什么，不能没有原则。当孩子知道你的决心时，情况会慢慢好转。

Q：14 个月的孩子，让他自己吃饭，经常吃得满身、满脸、满地都是饭，怎么办？

A：一定不要因为孩子自己吃饭弄得到处都很脏，就选择喂饭。解决的方法其实有很多，比如，戴上小围嘴或穿上长袖的防水罩衫，这样撒在上面的饭也容易清理。还有，在饭桌旁边放好湿纸巾，脸上、头上沾上饭和菜也能及时清理。此外，餐椅下面铺好小地毯，收拾起来会很方便。另外，妈妈要在旁边照看，如果他故意要把饭弄到地上，妈妈要制止他的这种行为，告诉他："饭菜是吃进肚子里的，不是扔的。"

Q：孩子吃饭很磨蹭，能吃上1个多小时，怎么办？

A：有的孩子本身胃口就小，吃饭速度会比其他孩子稍慢一些，还有的孩子不是很饿，用餐比较被动，所以磨磨蹭蹭，吃得很慢。对于吃饭磨蹭的孩子，要告诉他时间限定，比如，吃饭只有30分钟，没吃完就要收走，等到下餐再吃。此外，还有一些小技巧，比如，保证正餐时间的规律性，餐前不要让孩子吃太多零食；增加孩子的活动量以提高食欲；和孩子一起进行用餐比赛，提高孩子的用餐积极性；等等，逐渐帮孩子提高吃饭速度。

Q：让孩子自己吃，结果吃饭变成了"玩食物"，怎么办？

A：首先，给孩子时间，让他翻来覆去地捏一捏米饭、馒头等，这是他在感受各种食物的质地，发展他的触觉。其次，少给他盛一些食物，让他很快能自己吃完，有成就感。如果小家伙纯粹是在玩食物，就该收走他的“玩具”，并告诉他，食物是吃的，不是玩的。

Q：孩子不愿意自己吃饭，怎么办？

A：孩子天生就有很强的好奇心，对于各种技能都有探索与尝试的愿望，如果他不愿意自己吃饭，也许家长可以先反省一下，自己有没有做一些不该做的事情，比如没有耐心、强迫喂饭，等等。把这些排除之后，可以从孩子感兴趣的食物入手，鼓励他自己取用，在孩子踏出第一步以后，要热烈地鼓励孩子，让他感受自己用餐的成就感。让孩子尝试时，注意不要超出他的能力范围，比如在孩子还不会拿勺子时，就让他用勺子自己吃饭。另外，还可以用一些榜样故事、动画片给孩子示范。总之，应保持愉快的就餐氛围，让孩子感受到自己吃饭是一件有趣的事情，鼓励并欣赏孩子的点滴进步，给他自由的学习空间，让他愉快而自然地学会自己吃饭。

Q：孩子在幼儿园吃饭表现很好，为什么回家后就不乖乖吃饭？

A：在幼儿园是集体用餐，小伙伴互相影响，进餐环境比较好。或许老师还会有一些小奖励和评比，让孩子吃饭有动力。但在家中进餐的氛围可能不如幼儿园，如果又吃了小零食导致孩子不饿，再加上有的家长还喜欢催促孩子吃饭甚至喂饭等，孩子就会产生反感情绪，自然乖不起来。所以，要想孩子乖乖吃饭，家长应控制好孩子的进餐时间，饭前尽量不要给孩子吃零食，多信任和鼓励孩子自己用餐，营造一个和谐的用餐环境。

CHAPTER

2

不挑食、不偏食

儿童行为问题

3岁的桐桐乖巧可爱，但有一个问题让爸爸妈妈特别苦恼，那就是她吃饭太挑剔了，常常这也不吃、那也不吃。

家里人精心准备一桌饭菜，桐桐顶多吃上几口就再也不肯张嘴。前几天体检，医生说桐桐有轻度的营养不良，这让爸爸妈妈更焦虑了。

贾军老师来解读

孩子长期挑食、偏食，不良后果很严重

均衡的营养摄入对于孩子的健康成长是必不可少的，如果孩子只吃某几种食物，偏食、挑食，很容易出现营养失衡，短期内可能出现身高、体重不达标，免疫力低，容易生病等问题，而未来则可能影响孩子的最终身高，甚至出现一些心理问题。

研究表明，长期营养失衡会导致孩子出现情绪不稳定、爱哭闹、性格孤僻等问题，严重的甚至可能影响宝宝的智力发育。

孩子的口味，会受妈妈的影响

研究表明，从孕中期开始，胎宝宝就对妈妈进食的味道有感觉了，而宝宝出生以后，母乳的味道也会在一定程度上受妈妈饮食的影响。所以，无论是孕期还是哺乳期，妈妈在饮食上都要注意多样化，保证营养均衡。

孩子挑食，可能是因为辅食添加没跟上

给宝宝添加辅食，一是为了满足宝宝6个月以后的营养需求，二是为了让宝宝接触不同种类的食物，养成多样化的饮食习惯。所以，一方面，要循序渐进地让宝宝尝试新食物，种类要丰富多样，不能为了方便，总是“老三样”。另一方面，最好从口味偏淡开始添加，先添加蔬菜泥，再添加自带甜味的果泥。如果孩子过早地接触口味较重的食物，再接受口味清淡的食物的难度就会变大。

挑食，可能是因为有过一些不愉快的进餐经历

有的宝宝拒绝某种食物，会跟他的某些不愉快的进餐经历有关。有一个4岁的宝宝，在一次吃鱼的时候，由于妈妈没有把鱼刺挑干净，导致他被鱼刺卡了嗓子而去医院看急诊。这对于一个三四岁的孩子来说，是个挺可怕的经历。当时难受的体验，使得这个孩子后来一看到餐桌上的鱼，就会把它和以前那段经历联系起来，从而坚定地摆起小手。

挑食、偏食，跟家庭饮食习惯有关

有的孩子在上幼儿园后，老师发现他比较挑食，这可能跟家庭的饮食习惯有关。因为这个年龄段的孩子已经和大人一起吃饭了，大人给孩

子准备的饭菜，也会多多少少地受自己饮食偏好的影响，比如，妈妈特别不喜欢吃某种蔬菜，她一般就会很少在家里准备这道菜，甚至会有意无意地在宝宝面前提到这个偏好，从而影响宝宝。

偶尔挑食、偏食，家长不必过度解读

孩子在一段时间里对于食物有一定的偏好，或者饭量有一定的波动都是正常现象，只要不影响生长发育，家长就不要过度强调孩子一顿饭必须吃多少、吃几种，孩子摄入的食物大致营养均衡即可。

贾军老师来支招

给饭菜取个有趣的名字

告诉不爱吃胡萝卜的小姑娘，这盘炒胡萝卜丝是美丽的“彩虹棒棒”，是所有的小仙女都爱吃的一种美味；告诉不爱吃菠菜的小男孩，这盘清炒菠菜叫“绿巨人”，是大力水手变得有力气的强壮密码……把这些健康食物跟孩子心目中有趣的故事或喜爱的人物联系起来，会让宝宝的接受度大大提升。

漂亮的餐具会让食物更有吸引力

孩子对漂亮的物品都会很感兴趣，如果给孩子准备一些漂亮、有童趣

的餐具，如黄灿灿的小鸭水杯、憨憨的小熊汤碗、大耳朵里也可放菜的米老鼠分餐盘……这些充满童趣的餐具，让孩子进餐时多了一份和小动物一起玩耍的游戏仪式感，能吸引他在餐桌上停留的时间更长一些。

让食物时不时“换换装”

孩子不喜欢吃某种食物的原因有很多，可能是口感问题，也可能是烹调方法过于单调，所以在给孩子做饭时要下一些功夫，比如，叶子菜不好嚼，可以把菜切碎，和肉末或鸡蛋碎放在一起做成馅儿，包成饺子、包子。还可以把一些家常的食物做出新创意，比如，把鸡蛋切成片，把胡萝卜片切成小花的形状，把米饭通过模具修整成小饭团，这样会提升孩子的吃饭兴趣。

用绘本来帮忙

在孩子喜欢读的绘本里，有些是讲如何解决孩子挑食、偏食问题的，如《我绝对绝对不吃番茄》里的萝拉妹妹是个很挑食的小姑娘，她不吃的东西可多了，而哥哥查理通过和萝拉一起玩想象力游戏，最终让她吃下了各种有营养的食物。

类似的绘本还有《弗朗西丝和面包抹果酱》《肚子里有个火车站》等，妈妈不妨找来和孩子一起读一读。家长可以在阅读中找到帮助孩子不再挑食、偏食的好方法，而孩子则在阅读中学到知识，找到学习的好榜样。

纠正宝宝挑食，不可忘记的 3 条原则

- 不要强迫进食。

压力过大，结果往往适得其反。

- 不要轻易放弃。

任何不良习惯的纠正都不可能一蹴而就。

- 父母要做不挑食的好榜样。

身教效果永远重于言教，所以父母说得再多，都不如自身做得好！

小游戏，大能力

孩子都喜欢玩游戏，一些和食物相关的游戏，会增加孩子与食物的亲近感，减少挑食、偏食的发生，同时能够促进孩子各项能力（如精细动作、想象力、审美能力等）的发展。

食物小游戏 | 闻一闻，尝一尝，猜一猜

活动目的：促进孩子的嗅觉和味觉发育，并通过嗅觉和味觉，与食物建立最初的联结。同时“猜一猜”的游戏能迅速激起孩子对作为谜底的食物的好奇心。

活动准备：蒙眼用的毛巾，各种味道比较独特的食物。

活动过程：

- 让孩子坐在餐桌边，用毛巾把他的眼睛蒙上。
- 拿出事先准备好的食物，切成小块或小片，放在不同的餐盘里。
- 让孩子先闻一闻，再尝一尝，并说出食物的名字。

进阶玩法：

- 和孩子一起挑选几种食物，加工做熟，再来比一比，让孩子说一说生食物与熟食物的味道变化。

食物小游戏 | 一起来“画”果蔬画

活动目的：培养孩子创意作画的能力，从全新的角度看待食物，激起孩子对食物的兴趣。

活动准备：食用色素，根茎类蔬菜或硬度较大的水果，如藕、西蓝花、阳桃等，白纸若干张。

活动过程：

- 把藕切片，西蓝花选一朵对半剖开，阳桃切出五角星的形状。
- 把食用色素兑水调匀。

• 用切好的食物蘸上相应的色素扣在纸上，按压出各种图案。

• 和孩子一起挑选更多的食物，看能印出哪些新图形。

进阶玩法：

• 熟悉多种食物印出的图案后，鼓励孩子用这些图形自由创作。

• 让孩子为这些果蔬画取个名字，并和他一起把画装裱在相框里，挂在墙上。

饮食习惯热点问答

Q：喂了3次豌豆泥，孩子还不接受，是不是他真的不喜欢？

A：3次往往是大多数妈妈给孩子尝试某种食物的极限，这之后妈妈就会因为觉得宝宝不喜欢这种食物而放弃。其实，孩子接受新食物的速度与他接受其他新事物的速度是密切相关的，同时也特点鲜明，有的孩子欣然接受，有的孩子则总是犹犹豫豫，甚至因为大人的一点儿不耐烦就产生拒绝心理。有统计数据表明，孩子接受一种新食物的尝试次数最高会超过20次。因此，在给孩子添加辅食的时候，父母一定要多点儿耐心，不能轻言放弃，如果短时间内不成功，就过几天再尝试。

Q：孩子不爱吃炒肉，怎么办？

A：孩子不爱吃炒肉，很可能是由于相对于其他的烹调方式来说，炒肉的口感偏硬，孩子的咀嚼能力还不能很好地适应。针对这种情况，可以把肉剁成肉末，和其他菜品搭配做成馅儿，或者做成肉丸子。还可以采用炖制的方式，炖肉比较软烂，但口感偏油腻，可以在进餐时和其他蔬菜混在一起。如果家长非要坚持使用炒的方式，也可以把肉片切得薄一些，在入锅之前用湿淀粉浸泡一会儿，入锅后翻炒时间偏短一些，肉的口感就会鲜嫩很多，也更容易咀嚼。

Q：孩子只吃菜，不吃主食，怎么办？

A：对待不爱吃主食的孩子，解决办法有很多。家长可以根据孩子的日常饭量，在盛饭的时候，将饭菜搅拌好，这样一来孩子很难把米饭挑出来，二来米饭的口感基本会被菜的味道掩盖，孩子就不会那么抗拒了。

另外，很多家庭会注意菜品的花样，但主食花样往往相对较少，长此以往，孩子就会对主食不感兴趣。不妨多变换一下主食的种类，比如可以尝试蒸一些小花卷、小馒头，煮一些面条、小馄饨，还可以做一些炒饭、炒面片等，增加主食在孩子眼里的新鲜感。

Q：鱼肉那么有营养，可孩子却不爱吃，怎么办？

A：无论孩子是对鱼刺的恐惧，还是不喜欢鱼肉带有的腥味而拒绝吃鱼，多样的烹调方式都可以解决这个难题。首先，建议挑选刺少的鱼，如三文鱼、鳕鱼等；其次，可以把鱼肉剁成泥状，做成鱼排、鱼丸等；最后，可以选择一些孩子能够接受的去腥的配料，如醋、葱丝、姜片等，或者直接加入孩子喜欢的其他菜品，如西红柿，多煮一会儿，西红柿酸酸甜甜的口感会很大程度地掩盖鱼肉的味道。

Q：妈妈不爱吃茄子，孩子也不爱吃茄子，这是遗传吗？

A：除了一些遗传性疾病的原因，导致孩子出现某些食物过敏或不耐受等，大多数的挑食、偏食跟遗传没有太大关系。当孩子的饮食结构接近成人后，每个家庭一般情况下都是围坐在餐桌前一起吃饭的，这时候孩子会在不知不觉中学习大人对于饮食的态度，比如，对于某些食物的偏好，爱吃什么，不爱吃什么。如果孩子常常听到妈妈说“我不爱吃茄子，茄子太难吃了”，那么茄子就上了他小小心灵中的黑名单，拒绝茄子变成了一件顺理成章的事。还有的时候由于家长自己不喜欢吃某种食物，所以从来就没有让它出现在家庭的餐桌上，当孩子第一次面对这种食物时，也可能因为感到陌生而拒绝。

Q：每一餐都要尽量多一些饭菜花样，宝宝才不挑食，这种说法对吗？

A：我们强调的饮食多样化，实际上指在一段时间里，而不是每一餐都这样。孩子的胃口不大，每一餐的进餐量是有限的，如果准备的花样太多，会增加孩子的选择难度，而且往往会更容易令孩子只选择他平时偏好的食物，而忽视那些不爱吃的。因此，为了保证孩子的营养均衡，一定要做到营养素均衡搭配，并且把希望孩子接受的新食物混在孩子喜欢的食物里面，让他接受食物的过程变得更简单。

Q：孩子前一段时间生病了，病好后却变得挑食了，怎么办？

A：孩子生病时往往会出现食欲减退的现象，病好后食欲的恢复也需要一个过程。在这期间拒绝某些食物是正常的，父母不要着急。可以给孩子多做一些软烂、易消化的食物，观察一段时间，如果孩子接受的食物种类和食量在一点点增加，就不存在什么问题。

CHAPTER

3

自己乖乖睡

儿童行为问题

1岁的贝贝还在吃母乳，他每天要让妈妈抱着哄睡，放到床上就醒，搞得大人、孩子精疲力竭，他才慢慢含着乳头睡着了。可睡不了3小时，他就醒来哭闹，非要妈妈抱着他，让他含着乳头，才重新入睡。一晚上妈妈最少要起来哄睡两三次，每天哈欠连天，疲惫不堪。

贾军老师来解读

孩子不好好睡，父母压力大

大家都知道，好的睡眠对孩子大脑和身体发育是必不可少的。其实，换个角度，孩子不好好睡觉，父母也会因为无法安睡而倍感压力，尤其是夜里醒两三次，长期下来，常常会觉得精疲力竭。毕竟，醒来后再马上入睡并不容易，而且损失的睡眠常常是补不回来的。

知识链接：儿童睡眠不足会影响父母健康

澳大利亚研究人员在英国《儿科》杂志公布的一份研究报告中指出，儿童的睡眠问题不仅会导致父母缺乏睡眠，还有可能影响父母的身心健康。那些孩子有睡眠问题的父母健康状况都比较差，精神也比常人紧张，母亲尤其易受儿童睡眠问题的影响。

孩子不会自己睡，是父母没做对

抱着孩子奶睡，还有很多妈妈抱着孩子走，陪着躺，推着婴儿车，甚至半夜开车兜风，就为了哄孩子睡觉，这些都是糟糕的哄睡方式。表面看起来，妈妈们很辛苦，但她们没意识到，正是自己阻碍了孩子学习自己入睡。

有研究显示，儿童出现的入睡困难和不规律夜醒，多与父母的过度干预和安抚行为密切相关。

这些哄睡方式，哪里错了？

上述哄睡方式的错误在于，妈妈关注的不是让孩子自主睡觉，而是把自己的胳膊、乳房、摇篮，甚至行驶的汽车，当成了哄孩子入睡的道具，一旦道具被撤走，孩子醒来，就会哭闹不止，直到恢复他入睡前的样子。

决定孩子自己入睡的关键：睡前环境

人的睡眠特点具有周期性，这是人的本能。在远古时代，整夜熟睡会暴露在危险之中，所以一个睡眠周期后，人就很容易被惊醒，并且对可疑的声响快速做出反应。如果一切正常，我们会重新入睡。如果醒来发现妈妈的温暖和味道不见了，摇晃没了，含着的乳头没了，警示系统就会报警，孩子就会彻底醒来。

睡眠仪式能有效解决孩子睡眠问题

大部分孩子都是有学习能力的，只要给他们机会学习，他们几乎都能一觉睡到天亮。即使他们无法入睡，或夜间总要醒来多次，也不是问题孩子。睡眠仪式能有效解决这些问题。在睡前给孩子一定的放松程序，帮孩子从清醒状态转向睡眠状态，让他稳定、自主地入睡，当他半夜醒来的时候，他的警报系统就不会亮红灯，自然也能安下心来再次入睡。

孩子想睡觉的表现

- 揉眼睛。
- 哭闹，做任何事情都不高兴。
- 活动量突然变少，人变得安静了很多。
- 拉耳朵，打哈欠。
- 盯着某处发呆。

贾军老师来支招

从6个月开始，是培养孩子建立睡眠仪式的黄金期。孩子不吃夜奶了，就可以逐步培养建立睡眠仪式的好习惯。当然，如果孩子大了，再建立睡眠仪式需要的时间会更长一些，父母需要更多耐心。

做一张睡眠仪式时间表

下图是一张睡眠仪式的时间表，每天固定一套放松的睡前程序，帮孩子清洗干净身体，释放掉多余的精力，让身心放松，一步步做好睡前准备。比如，洗澡、游戏、听舒缓的音乐、讲故事、换舒适的衣服和干净的尿布、调暗灯光、轻轻拍拍他或者抚摸他等，直至送他上床。

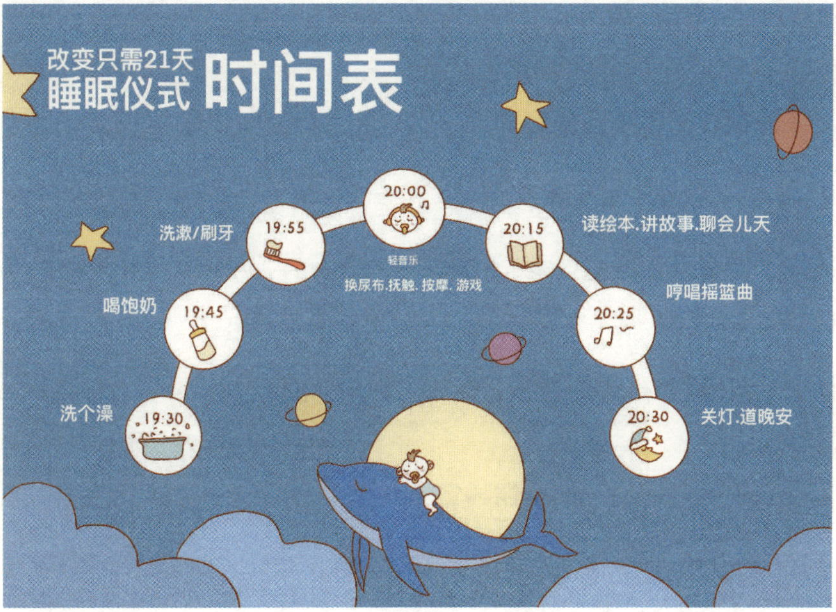

注：父母可以参考本图表开启睡前仪式，然后根据孩子的具体情况做相应调整。

睡眠仪式要固定

睡眠仪式是一套固定的程序，会帮孩子形成睡觉的习惯。因为孩子不会识别时间，他是依靠日常活动来感知外界变化，逐渐形成并调整自己的生物钟的。每天到了时间，家长给他启动这一整套固定的程序，他就知道该睡觉了。

睡眠仪式要给孩子亲密感和安全感

上床前几分钟的亲密接触，可以增强孩子被保护、被关心的感受。他会觉得，爸爸妈妈很爱我，他们永远会照顾我。上床前多做一些爱抚、亲吻，给他读故事、唱摇篮曲，让他感觉甜蜜温馨，那么，他独立面对小床会容易很多。

睡眠仪式不要随便延长

睡眠仪式的步骤要固定，道晚安要坚定温柔，在孩子清醒时，让他知道该自己睡了。睡眠仪式的时间控制在20分钟，不要超过30分钟，不要因为孩子撒娇或发脾气而随便延长。如果父母稍有迟疑，孩子马上能感觉到，他会试着将睡眠仪式延长，比如，要求你讲第二个、第三个故事。

允许他带着自己的玩偶睡觉

给孩子准备一个安抚物，比如毛绒玩偶或小毯子，让孩子晚上抱着主动入睡，但要确保孩子醒来时在床上也能够随时找到，这样就不会引爆他的警示系统，他自然就能安下心来，再次

睡眠仪式重点整理

- 累了、困了，孩子才能睡。
- 身体和精神放松了，孩子才能睡。
- 睡眠仪式要温柔而坚定地执行。
- 睡眠仪式至少坚持21天。

入睡了。如果孩子怕黑，可以开一盏小夜灯，或把房门打开，留一道光线，让孩子觉得温暖和安全。

小游戏，大能力

很多家长对睡前游戏和睡前操的操作感到困难，不知道怎么玩。这里提供给家长一些游戏方案，赶紧带孩子玩起来吧。

睡前游戏 | 释放精力，一起来玩钻山洞吧

活动目的：释放多余体能和精力，让孩子体会安全与爱，提升孩子的空间感知能力。

活动准备：浴巾。

活动过程：

- 家长将手臂弯曲，呈山洞状，让孩子钻过“山洞”。
- 家长将手臂抬高，“火车山洞”变高，让孩子慢慢地钻过。
- 家长将手臂降低，“火车山洞”变低，孩子快快地钻过。
- 家长将山洞变大或变小，变小时，夹住宝宝，营造愉悦的游戏氛围。

进阶玩法：

爸爸妈妈拉起浴巾的四个角，搭建一个“浴巾山洞”，邀请宝宝钻进钻出。重复游戏，让“山洞”变高变低，增加游戏的趣味性。

睡前操｜睡前按摩神器——触觉球操

活动目的：安抚孩子，为入睡做准备；促进触觉和身体感知能力的发展；增进亲子关系。

活动准备：毯子、触觉球/玩偶娃娃、儿歌《小小球儿滚呀滚》。

活动过程：

- 宝宝躺在毯子上，面对家长。
- 家长用触觉球在宝宝身上滚一滚。家长可跟随儿歌给宝宝按摩，小球慢慢地滚过宝宝的脖子、手臂、肚子等。
- 家长帮助宝宝翻身，在宝宝后背滚一滚。
- 跟触觉球说晚安。

《小小球儿滚呀滚》

小小球儿滚呀滚，滚完手心滚手背，手心手背睡觉了。

小小球儿滚呀滚，滚完小手滚胳膊，小手胳膊睡觉了。

小小球儿滚呀滚，滚完前胸滚后背，前胸后背睡觉了。

小小球儿滚呀滚，滚完肚子滚大腿，肚子大腿睡觉了。

小小球儿滚呀滚，滚完小腿滚脚丫，小腿脚丫睡觉了。

睡觉了，睡觉了，我们都要睡觉了，我们都要睡觉了。

睡眠问题热点问答

Q：让宝宝自己睡，还是和妈妈一起睡?

A：美国儿科研究院和英国儿童健康中心，都主张父母和婴儿睡在一起，至少孩子在刚出生的几周内，应该睡在父母的身边，等宝宝能独自睡在自己的婴儿床上的时候，再让他去自己的房间睡。这不仅方便喂奶，还对宝宝建立安全感非常重要。新生儿刚刚离开母体，他需要一个慢慢适应的过程，他随时需要像在子宫里一样能够听到妈妈的声音，听到妈妈的心跳；当他感到害怕而哭泣的时候，需要及时的安慰，这样他才觉得这个世界是安全的。所以，很多专家都建议在大床旁边放上一张婴儿床，让父母和孩子同房不同床。

Q：孩子6个月了，还没睡过整觉，正常吗?

A：别一味地拿自己的孩子跟别的宝宝比。因为不同宝宝之间存在着较大的个体差异，有些宝宝2个月就能一觉睡到天亮，有些宝宝可能1岁多了半夜还要醒来，需要大人哄抱或喂奶。

随着宝宝胃容量的增大，通常到6个月前后就不再需要喂夜奶了。有统计数据显示，中国宝宝到10个月时，夜间已经基本能够睡整觉了。如果宝宝到1岁前后，夜间还是会经常醒来，并且不能自己再次进入睡眠状态，通常是已经对大人的安抚形成了习惯性依赖。这不仅会影响宝宝的总睡眠时间和睡眠质量，也会影响到家人，特别是妈妈的身心健康。

Q：宝宝1岁多，只让我哄睡，别人都不行，怎么办？

A:不用担心，这说明宝宝的依恋关系建立得很好。可以试试在睡眠仪式的环节，由您本人和其他看护人一起来完成，慢慢地再由看护人为主进行陪伴，渐渐地完成过渡。这样，即使您不在家，也可以由其他看护人完成陪伴入睡的过程。

Q：如何安抚夜间醒来的宝宝？

A：尽量不要干预宝宝睡眠。宝宝的夜间睡眠也有类似成人的睡眠周期，在浅睡状态时，宝宝可出现一些肢体动作，发出声音甚至哭声，还会做出吸吮、抽动鼻子、微笑、扮鬼脸等小动作和表情，这是宝宝睡眠过程中的正常表现。如果判断宝宝不是饥饿需要喂奶，尿布湿了，环境温度、衣着感觉不适，等等，就尽量不要干扰宝宝的睡眠，可以像安抚宝宝入睡时那样轻拍或抚摸宝宝，但不要抱起来拍哄、摇晃，或喂奶、换尿布，要相信宝宝的学习和适应能力，耐心等宝宝自己再次进入深睡状态。

Q：宝宝一吃奶就睡觉，这是为什么？

A：宝宝吃一会儿奶就睡着了，说明他吃奶吃得很辛苦，要确认一下妈妈的奶量是否充足，乳头是否有问题，人工喂养的宝宝要看看奶嘴以及奶孔的大小是否适合宝宝，然后才能有针对性地采取有效的措施来帮助宝宝。当然，在喂奶时也可以轻轻捏一捏宝宝的耳垂，或轻轻弹一弹宝宝的小脚心，这样做可适当延长宝宝吃奶的时间。

Q：睡前故事听了一个又要听下一个，怎么办?

A：睡前仪式的总体时间不要超过30分钟。很多孩子为了不睡觉会听完一个故事又要听一个，没完没了。遇到这种情况，第一，家长要有原则，让孩子知道，每天睡前就讲一个故事，听完就要关灯睡觉了，不要因为孩子哭闹、撒娇而让步，这样他就能慢慢接受规则。第二，孩子不困不累就不想睡觉，这很正常，父母要注意释放孩子的精力，让他玩累了再上床睡觉。

Q：宝宝一放下就醒，怎么办?

A：放下就醒，是孩子的警报系统在起作用。他能感觉到睡觉的环境发生变化了，比如，妈妈的手怎么消失了，怎么没有人摇晃我了，温暖的感觉和妈妈的味道没有了，这些感受都会反馈到孩子的大脑，让他彻底醒过来，直到你又重新抱起他。所以，想解决这个问题，关键不在你怎么放下孩子，而在于怎么让他闭眼前的环境跟睡觉的环境保持一致。最好的解决办法是，无论你采用什么方式哄睡，但最后一步，他闭眼前，一定要让他自己在小床上入睡。

CHAPTER

4

不做“夜猫子”

儿童行为问题

1岁多的顺顺是个“夜猫子”，每天晚上11点多还在玩闹着不肯睡觉，妈妈好不容易把他哄上了床，他又闹着要听故事，可听完了故事，他还是很精神。哪怕顺顺困倦到自己睡着，睡着睡着也会爬起来哭；第二天早上叫不醒，睡到九十点，晚上继续恶性循环。

贾军老师来解读

家有“夜猫子”，会产生哪些负面影响

0～6岁是孩子生理、心理快速发展的时期，需要大量的活动消耗旺盛的精力。如果长期睡眠不足或睡得太晚，会影响脑垂体分泌生长素，身体很容易吃不消。

知识链接：儿童晚睡不利于身体发育，抵抗力和情绪也容易受影响

有研究表明，晚上生长激素分泌较多，晚睡对孩子的身高发展很不利。晚睡的孩子因为白天接受日照时间少，极有可能缺乏维生素D；长期无法早睡的孩子，哪怕白天补眠，也无法营造和晚上一样安静的睡眠环境，抵抗力也因此变弱，孩子的情绪也会相对暴躁。

孩子是“夜猫子”，原因到底在哪里

其一，晚饭没有吃好。孩子的胃比较小，晚饭没吃好就很容易饿，在饥饿状态下的孩子很难入睡。

其二，睡觉的环境杂乱，比如尿不湿很长时间没有换，小床上摆满玩具吸引了孩子的注意力。

其三，父母工作一天后下班，孩子想跟父母多亲近亲近，格外兴奋。

当孩子晚睡时，父母总会先满足孩子的要求，然后一点点失去耐心，最后强行要求孩子闭眼入睡。其实，父母已经在努力，只是方式不对，很容易让孩子睡得越来越晚。

父母的安抚方式到底错在哪儿

不少父母听到孩子说“饿”马上准备吃的；发现孩子精力充沛，就试图用各种游戏让孩子不断“放电”，希望他感觉到累后自然睡着。其实，睡前吃得过饱也会影响孩子的睡眠质量，而在孩子睡前玩各种游戏很容易让孩子的神经处于亢奋状态，更不容易睡着。

决定孩子早睡的关键：掌握白天的“吃、玩、睡”节奏

0～6岁孩子的主要生活内容可以归纳为“吃、玩、睡”三个环节，如果过度拉长某个环节，破坏了孩子的作息规律，孩子就会因为“吃得太饱”“玩得太累或玩得不够尽兴”“白天的某次小睡睡多了”，而不愿意上床睡觉。

改善晚睡问题：检查作息循环

孩子对外部环境是很敏感的，如果外部环境给予的刺激过多，他们

就会产生贪玩的念头。因此不论什么原因晚睡，检查他的作息循环，看看在“吃、玩、睡”哪个环节出问题了，就很容易找到原因，再有针对性地进行调整。如果孩子已经养成晚睡习惯，也没有关系，只需要慢慢把孩子的生物钟10分钟、半小时地逐步提前，学龄前孩子的作息调整到晚上8点左右入睡即可。

贾军老师来支招

3个月开始，孩子已经开始分泌褪黑素，这时候就可以培养他早睡的习惯。随着孩子逐渐长大，精力越来越充沛，早睡似乎会相对困难，但父母只要有耐心，完全可以做到。

遵照“吃、玩、睡”大循环建立作息表

从孩子出生开始，就可以为他建立良好的作息习惯做准备了。孩子的作息最好遵循“吃、玩、睡”的顺序，即吃奶后玩耍，然后睡一会儿觉。之所以不选用“玩、吃、睡”的顺序，是为了防止孩子养成奶睡的习惯。

避免白天过度疲劳

白天也尽量不要让孩子连续玩，如果带着他出去玩，要注意控制

时间，不要玩太久。因为孩子在白天如果过度亢奋，夜里即便早睡，也会因为身体比较累而出现惊厥、哭泣等情况，同样不利于孩子休息。另外，不要累了才睡，避免宝宝养成闹觉的习惯。

帮助孩子意识到白天、黑夜

从孩子小月龄开始就培养白天、夜晚的意识。白天尽量让家里保持亮度，即便孩子要午睡，也不要刻意拉上窗帘或降低说话声音，甚至还可以放一点儿轻音乐。

临睡时或孩子起夜时，尽量为父母干预做减法，降低可能引起孩子兴奋的可能性。

夜晚则尽量保持室内环境安静，如果孩子还没有戒夜奶，不要开灯喂奶，而是使用小夜灯喂完即关。如果孩子因为吃奶醒了，也不要抱起来，一定要给他5～10分钟，让他自己重新入睡。

▍合理控制白天的睡眠时间

有的“夜猫子”中午一睡就是四五个小时，主要养育人可以适当限制孩子白天睡觉的时间，并通过户外活动、玩玩具等，延长孩子玩耍的时间。

▍安排动静皆宜的活动，适当“放电”

很多孩子晚睡的原因是“没玩够”，而父母给孩子安排的活动也是比较安静的，如画画、读书等，这会让孩子在运动方面的需求得不到满足，体能没有太大的消耗，就会更难睡着。家长可以根据孩子的休息时间往前推算，来合理安排活动时间。比如，孩子晚上8点睡觉，那么尽量把孩子运动量大的活动安排在6点半或7点之前；7点之后可以陪伴孩子阅读或者画画，让孩子的情绪逐渐平静下来，7点半就可以给孩子安排固定的睡眠仪式了。

▍控制睡前进食

孩子如果在睡前吃东西，不仅会对牙齿健康产生不利影响，还很容易消化不良。建议正常吃饭后，孩子睡前1小时不要吃高糖、高盐的食物。睡前加餐也不要吃太多，如果实在要吃，尽量选择清淡的食物，比如鸡蛋羹、牛奶等。

不要轻易破坏孩子的作息习惯

孩子每天的作息活动应该尽量固定，不要因为孩子撒娇或发脾气就依从。比如，在孩子晚饭吃饱的情况下，睡前要求吃零食，就要温柔、坚定地拒绝；如果孩子在睡前要求玩运动量比较大的游戏，也可以用“皮球今天玩累了，它已经睡着了。皮球说明天还会和你玩，请记得你们的约定”来安抚孩子的情绪。让孩子明白，玩具需要休息，宝宝也需要休息了。

给孩子营造舒适的睡眠氛围

如果孩子床上塞满了布娃娃，很容易让孩子兴奋，不易入睡。每天可以给孩子留下一件他喜欢，又不至于让他感到过度兴奋的玩具，为孩子提供安抚作用，让他充满安全感。

独立睡眠重点整理

- 建立白天、黑夜秩序。
- 睡前不吃过量，也不吃难消化的食物。
- 睡前不做剧烈运动，适当建立睡前仪式。
- 不轻易破坏孩子的作息规律。
- 孩子的睡眠环境要舒适且有安全感。

小游戏，大能力

如果对培养孩子早睡这件事感到头疼，不妨试试以下的游戏方案。

睡前游戏 | 早睡早起

活动目的：释放孩子多余的体能和精力，让孩子体会早睡早起的好处，提升孩子的潜在认知能力。

活动准备：画纸和画笔。

活动过程：

• 和孩子一起画弯弯的月亮，画睡着的小猫咪、小狗等孩子喜欢的小动物。

• 跟孩子一起唱《小星星》，告诉孩子他喜欢的小伙伴在天黑的时候都睡觉了，小星星在守护他。

• 和孩子一起画唱歌的小公鸡和太阳公公。

• 和孩子一起唱儿歌，告诉孩子起得早就能听到小鸡唱歌、看到小鸽子在公园散步等。

在游戏的过程中让孩子对睡眠产生安全感，对早起产生兴趣。

其他玩法：

陪孩子读《晚安，小鸡球球》等绘本故事，让孩子对睡觉有正确的认识。

手指游戏 | 早起游戏操

活动目的：提升孩子对早睡早起的潜在认知；提高手指精细动作能力。

活动准备：儿歌《手指操》。

活动过程：

跟宝宝一起边唱儿歌，边做动作。

《手指操》

天黑睡觉了（把手握成拳头状），

大拇指，睡觉睡觉（松开大拇指），

食指，睡觉睡觉（松开食指），

中指，睡觉睡觉（松开中指），

无名指，睡觉睡觉（松开无名指），

小拇指，睡觉睡觉（松开小拇指）。

天亮起床了，我们一起做早操（手指张开、握紧，重复动作）。

规律作息热点问答

Q：晚睡的孩子长不高吗？

A：一般来说，促进人体长高的激素——生长激素在睡眠状态下的分泌量是清醒状态下的3倍左右。睡眠时肌肉放松，也有利于关节和骨骼伸展。因此，孩子拥有充足、稳定、连续的睡眠对生长发育是最有利的，熬夜、晚睡对正在成长发育的孩子来说，确实有可能会影响身高发育。

Q：孩子到底睡多久才算睡眠充足？

A：不同年龄段的宝宝每天所需睡眠时间有很大差别。新生儿为16～20小时；1～3岁为12～14小时；4～6岁为11～12小时；等等。稍大的儿童，要合理安排学习、锻炼、睡眠和休息时间，注意培养良好的睡眠习惯。

Q：宝宝每次晚上睡觉都必须亮着灯，如果他半夜醒了发现灯没亮就会哭闹，该怎么办？

A：如果夜间睡眠环境如同白天，宝宝的生物钟就会被打乱，睡眠时间会缩短。父母要给宝宝养成关灯睡觉的习惯，平时不要吓唬宝宝，尽量不要孩子一哭就立即开灯。父母可以多陪宝宝，让他感受到足够的安全感。还可以在宝宝床边放一个宝宝最喜欢的毛绒玩具，告诉他玩具会像妈妈一样保护宝宝，让他可以安心入睡。

Q：宝宝6个月，每天运动量不大却经常半夜哭闹，怎么办？

A：不要过度担心。如果宝宝睡着了半夜很容易醒，并且排除饿了、尿了、环境等外部因素后，可以考虑孩子是不是需要补钙，也需要排除孩子肠胀气的情况。如果是胃肠不适，白天可以适当给孩子增加排气操或飞机抱，缓解孩子的不适感。

Q：孩子每天晚上12点才能睡着，怎么调整？

A：如果宝宝以前的睡眠习惯不好，可能需要一个月甚至更长时间调整孩子的状态。家长千万不要到睡觉时间就把孩子按到床上，这样很容易反弹。我们可以先定一个小目标，比如每天早睡10分钟。在目标时间之前2～3小时就开始走睡眠流程或睡眠仪式，给足孩子磨蹭的时间。家长千万不要焦虑和催促，你的不良情绪会让孩子产生一种你很想摆脱他的不安，没有安全感的孩子更不容易入睡。

Q：白天工作忙，孩子睡前想和爸爸妈妈互动，怎样一举两得？

A：如果父母下班时间只能赶上哄睡孩子，那就全身心、高质量地陪伴孩子做睡前的每件事，比如好好陪孩子洗个澡、做抚触；放下手机，认认真真、声情并茂地给孩子读一读绘本。让孩子能够在这个时间段感受到爸爸妈妈对他完完整整的爱，体会幸福感和安全感，孩子睡觉的时候就会感到踏实，也更容易进入睡眠状态。

Q：孩子睡觉没规律，有时上午睡一大觉，有时中午睡很久、晚上很晚不想睡，该如何调整？

A：这还是个习惯养成的问题。尤其是孩子小的时候，大人心疼孩子，觉得孩子想睡时就让他睡，想玩儿的时候就陪着他玩儿，没有时间观念，当然也就无法养成按时睡觉、按时起床的习惯。为此，大人一定要有原则，白天最好别让孩子睡太长时间。如果孩子真困了，可让他稍微睡一会儿就把他叫起来，陪他多玩一会儿，赶走瞌睡虫，晚上再让他好好睡一觉。

故事书

CHAPTER

5

洗漱自己来

儿童行为问题

3岁的朵朵每天晚上都等着妈妈给她洗漱，如果让她自己刷牙、洗脸、洗澡，她嘴上说："等一下，就等一下！"可就是不行动。妈妈只好亲自上阵给朵朵洗漱。有时爸爸也会"威逼"，把朵朵像押解"囚犯"一般送入洗漱间。眼看朵朵马上就要上幼儿园了，这可怎么办？

贾军老师来解读

孩子不喜欢洗漱，不是故意的

很多家长认为，孩子不喜欢洗漱是故意的。其实并不是这样。当孩子成长到两三岁时，已经基本掌握了生存的一些必备技能，开始喜欢按照自己的意愿去行动，什么都想自己来。这些行为的出现证明了孩子第一个秩序敏感期的到来。

孩子说的“等一下”是什么意思

孩子说“等一下”，家长可能会觉得孩子是故意拖延，和自己对着干。但实际上，孩子说“等一下”要表达的是：第一，他想主动来安排自己的事情；第二，他想通过自己的语言陈述所做事情的排序。至于在他的小脑袋瓜里“等一下”究竟是多久，并没有清晰的概念。

洗漱斗争，多因家长引起

洗漱常常变成家长和孩子的斗争，究其原因，是因为家长没意识到正是自己的这些做法阻碍了孩子学习洗漱。

- 大包大揽，看似照顾得无微不至，实际却剥夺了孩子锻炼的机会。
- 父母不爱整洁，家里乱糟糟，这样的环境孩子很难养成讲卫生、爱整洁的习惯。

• 没有正确教导，孩子未掌握正确的刷牙、洗脸、洗手等方法。

• 对孩子要求不严格，让孩子觉得洗漱这件事没那么重要，可做可不做。

有研究显示，儿童难以实现自主洗漱，多与父母的过度干预及糟糕的榜样示范作用密切相关。

不愿洗漱，听听孩子的想法

听到孩子不愿意自己洗漱时，先放下规劝孩子的意图，然后问问孩子："为什么不想洗漱？我们一起来想办法。"其实，了解孩子的想法，是在寻找问题解决的方向。比如，他可能不喜欢牙膏的味道，那就换成他喜欢的味道；他可能还不太会刷牙，那就再教一次；等等。

别做"工具人"，把洗漱的工作还给孩子

如果父母关注的不是让孩子自主洗漱，而是赶紧完成洗漱这件事，常常会把自己变成孩子洗漱的"工具人"。挤牙膏、接水、拧毛巾，孩子被服务惯了，自然就不想自己动手了。与其授人以鱼，不如授人以渔，只要你有耐心，肯给孩子机会，每个孩子都能实现自主洗漱。

决定孩子自己洗漱的关键：秩序感的养成

秩序感的建立尤为关键，孩子需要对什么事情先做、什么事情后做有很清晰的认知，并按照轻重缓急做好排序。因为随着年龄的增长，孩子所遇到的事情会越来越多，比如，洗漱时是先刷牙还是先洗脸，先吃饭还是先梳头……如果心中没有基础的先后排序，就会“眉毛胡子一把抓”，碰上哪件事就做哪件事，甚至会直接跳过刷牙洗脸，吃几口饭马上去学校。

表格仪式——解决洗漱问题的神秘“武器”

表格仪式可以有效帮助秩序感的养成。与唠唠叨叨相比较，孩子更希望得到一定的自主空间和时间。先让孩子有机会厘清有关洗漱的问题，比如，洗漱是什么，什么时候洗漱，洗漱成什么样才能达到清洁的效果。然后让他自主规划自己的洗漱时间，并做成表格贴在墙上，如果按时完成一项就可以在表格的相应位置画一面小红旗。这样孩子会因为想得到小红旗而倍加努力。

孩子具备自主洗漱能力的表现

- 能含水漱口。
- 小手能握住牙刷并控制牙刷在口腔内的深度。
- 能较为准确地表达出口腔内环境的情况。
- 小手能握住装水的漱口杯。

贾军老师来支招

善用宝宝的好奇心

2岁左右开始，孩子开始对掌握新的能力感兴趣，对自己的身体也产生了好奇。家长不妨抓住机会培养孩子的各种自理能力。

• 通过看绘本和讲故事，让孩子了解清洁对身体的重要意义，从心理上接受并认同自主洗漱。

• 家长带着孩子一起挑选宝宝喜欢的牙膏、牙刷、毛巾、脸盆等，让孩子有自主的感觉。

- 通过耐心的示范和教导，让孩子掌握洗漱技能，获得成就感。
- 通过表格仪式培养孩子的自律能力，让孩子明白，具备自主规划的能力，是一件特别幸福的事。

表格仪式：养成正确的洗漱秩序

表格仪式并不仅指一个简单的表格。在这个表格的整个实施过程中，更多地需要家长的参与，比如，了解不洗漱的原因，帮助孩子掌握洗漱方法，量化具体指标，制订考核标准等，并把这些内容都体现在表格之中，从而帮助孩子在秩序敏感期养成正确的洗漱秩序。

鼓励孩子自己制订表格来打卡

洗漱是每天都要做的事情，家长可以鼓励孩子自己计划洗漱的步骤流程和洗漱时间，并在每一个步骤旁边设计打卡形式的表格（见下表）。建议以周为单位，每完成一周的计划，奖励孩子一颗小爱心或一面小红旗，帮助孩子把自己洗漱的好习惯坚持下来。

宝宝洗漱打卡表

周（ ）	
为什么不愿意？/为什么愿意？	
需要爸爸妈妈怎样帮助？	

续表

洗漱自己来		我给自己打分	爸爸妈妈给我打分
1.我想这样洗脸	步骤1：		
	步骤2：		
	步骤3：		
2.我想这样刷牙	步骤1：		
	步骤2：		
	步骤3：		
3.我想这样洗澡	步骤1：		
	步骤2：		
	步骤3：		
我给爸爸妈妈打分	当我做得棒的时候，爸爸妈妈有没有及时表扬我？		
	当我做不好的时候，爸爸妈妈有没有耐心帮助我？		

一起参与，不做旁观者

当孩子在努力完成表格里的“任务”时，家长除了为孩子提供帮助，自己也要成为“表格里的人”。可以在表格中专门为家长设计一栏，看看当孩子有进步时，家长是否有具体的表扬；当孩子有失误

自己洗漱重点整理

- □ 问清原因，并记录在表格中。
- □ 将具体方法也记录在表格中。
- □ 表格仪式要温柔而坚定地执行。
- □ 孩子给家长打分栏必不可少。

时，家长是否有鼓励和好的分享建议。

小游戏，大能力

很多家长对实现孩子自主洗漱感到困难，不知道怎样才能边玩边学，有效帮助到孩子。这里提供给家长两个游戏方案，赶紧带孩子玩起来吧。

洗漱小游戏 | 小手洗一洗

活动目的：让宝宝学会正确的洗手方法，爱上洗手。

活动准备：香皂、儿歌《小手洗一洗》。

活动过程：

- 家长唱儿歌，边唱边演示洗手动作，增加趣味性。
- 家长拆解洗手的步骤，一步一步地教宝宝学习至熟练。
- 家长和孩子一起拿香皂，边唱儿歌，边演练洗手。
- 请宝宝举起干净的小手，并赞美宝宝。

注意事项：

鼓励宝宝以后洗手都可以边唱儿歌边洗。

《小手洗一洗》

两个好朋友，手碰手。你背背我，我背背你。

来了一只小螃蟹，小螃蟹。举起两只大钳子，大钳子。

螃蟹跟我点点头，点点头。我跟螃蟹握握手，握握手。

洗漱小游戏 | 给小鸭子洗脸

活动目的：让宝宝爱上洗脸；锻炼手眼协调能力；提升触觉感知力。

活动准备：小鸭子玩具、番茄酱、小毛巾、儿歌《洗洗脸》。

活动过程：

• 事先把番茄酱涂一点点在小鸭子的脸上。

• 给宝宝讲洗脸的故事，告诉他小鸭子脸上有脏东西了，帮它洗洗吧。

• 妈妈引导宝宝按步骤给小鸭子洗脸。可以边讲解洗脸的动作要领边拿宝宝做示范。

• 和宝宝一起边唱儿歌边做动作。

《洗洗脸》

小眉毛，擦一擦；小眼睛，擦一擦。

还有两个小脸蛋，左擦擦、右擦擦。

还有一个小鼻子，宝宝小手来帮忙，来帮忙。

注意事项：

家长给宝宝示范洗脸时，切记力度要轻柔，一个部位一个部位清洗，不要用毛巾捂住整个脸部，会让宝宝害怕或感觉不舒服。

洗漱问题热点问答

Q：孩子洗脸时，家长能协助他拧毛巾吗？

A：不同宝宝之间存在着较大的个体差异，有些宝宝3岁左右就基本能把毛巾拧干；有的宝宝力气小，可能根本就无法完成这个任务。家长需要掌握的原则就是，先让孩子自己做，不论孩子是否能拧干，家长都要鼓励孩子自己拧，只要孩子尽力了，家长就要及时给予肯定和表扬。如果确实没有拧干，家长可以问问孩子是否需要帮忙，当孩子点头后，家长再帮忙。如果孩子不同意，家长可以等孩子离开卫生间后再处理。

Q：洗漱前孩子有各种理由拖拖拉拉，该怎么办？

A：当孩子说出各种不想洗漱的理由时，家长应先倾听，搞清楚孩子究竟是什么原因不想洗漱。如果是合理的理由，比如不喜欢牙膏的味道，家长可以和孩子商量下一次换一种味道；如果是明显推托的理由，家长就要和孩子商定一个最长的时限，并且当约定时间一到，家长就可以温柔而坚定地提醒孩子自己去洗漱了，此时不允许孩子再找理由不洗漱。

Q：孩子自己洗漱时，把卫生间弄得非常乱，怎么办？

A：在孩子刚开始自主洗漱时，如果能完成洗漱的流程就很不错了，很难同时做到保持卫生间的整洁。此时，如果家长在孩子洗漱时总是唠叨“你看你，又把台子上弄湿了”“牙刷不能放这里，要放到漱口杯里”“气死我了，你怎么总忘记关水龙头”之类的话，孩子会丧失对自主洗漱的兴趣。因此，在孩子自己洗漱时，建议家长不要总在旁边唠叨。正确的做法是，等孩子完成洗漱的流程之后，先根据孩子的完成情况给予鼓励和肯定，再邀请孩子一起来收拾卫生间。邀请的时候，妈妈可以这样说：“妈妈今天加班了，特别累。你能不能帮妈妈把洗漱台上的水擦干呢？”孩子会很乐意为妈妈分担。

Q：孩子的洗漱用具不合适，除了购买新的，还有其他好的方法吗？

A：除了购买孩子感兴趣的洗漱用具，还有很多好方法，比如，重新裁剪孩子的毛巾，在毛巾上绣上孩子喜欢的卡通图案；在洗漱间的镜子上贴上有加油字样的小贴画；甚至可以把肥皂切成小爱心、小星星等可爱的形状。在操作这些方法时，多鼓励孩子参与到制作过程中来。

Q：我家宝宝洗澡特别不认真，感觉就像在应付差事，怎样能让他好好洗澡呢？

A：对宝宝而言，洗澡的过程是很“麻烦”的，但又“躲不掉”，当然就会不认真，草草了事。应对这种情况，父母首先要让宝宝改变态度，通过玩游戏、看洗澡书、读儿歌等形式，吸引宝宝的注意力，还可以通过改变洗澡顺序，来增加神秘感。爸爸妈妈还可以和宝宝用比赛、互相监督等形式，看谁洗澡最认真、最干净，胜出者可以得到相应的精神或者物质奖励，以此来提高宝宝的洗澡积极性。

Q：孩子刷牙时，家长要站在旁边看吗？

A：很多家长都有这样的想法：孩子自主洗漱时，家长可以不站在旁边。其实，在3岁左右这个年龄段，孩子多半还难以独立完成洗漱的步骤。所以，如果孩子本身不拒绝家长陪伴的话，家长可以站在旁边，全程陪伴孩子，帮助孩子，让孩子感受到支持，逐渐有信心自己去完成洗漱的流程。需要注意的是，家长不要喧宾夺主，只在必要时发声即可。

CHAPTER

6

自己穿衣脱鞋

儿童行为问题

果果马上就要3岁了，可他完全没有要自己穿衣服的概念。每天醒来，他会坐等妈妈来为他穿衣服，催他也不动，就等着妈妈穿。有时候，妈妈过来慢了，果果还会发脾气、不高兴。眼看果果就要上幼儿园了，还完全不能自己穿衣服，真是让妈妈着急。

贾军老师来解读

孩子长大了，父母没跟上孩子长大的脚步

孩子出生后，新手父母要从为孩子穿衣开始，一点点学习照顾这个可爱的小家伙。不知不觉中，孩子一天天长大，他学会了翻身、坐起、站立、走路。当孩子拽一下自己的衣领，或脱掉自己的小袜子时，很多父母还沉浸在照顾孩子的氛围里，一点儿都没有察觉到，这是孩子在尝试自己穿衣服的信号。等到快上幼儿园，才发现自己错失了孩子主动学习穿衣的机会。

知识链接

很显然，在穿衣服这件小事上，父母需要参考孩子各个阶段的发展规律，抓住恰当时机，培养他独立穿脱衣服的生活能力。根据儿童身心发展规律，1岁的孩子能配合父母穿衣；2岁的孩子能捏住细小物品，可以尝试学习扣扣子、拉拉链；到3岁时完全可以完成自主穿衣。

好妈妈，不妨懒一点儿

“懒妈妈养出勤快孩子”，很多妈妈都懂这个道理，但就是改变不了自己，尝试做一个“懒妈妈”。孩子学会穿衣服不是难事，难就难在妈妈的“全包精神”，不肯放手。孩子的成长，需要我们逐步放手，相信他，放手让他做，他一定会做得很好。

循序渐进，从易到难

教孩子自己穿衣服，父母要先给孩子做示范，并且先从简单好穿的衣服开始练习，从易至难。让孩子先从穿小袜子开始，逐渐发展到穿鞋子、裤子、上衣，上衣可选择比较好穿的套头衫、开衫，鞋子应该选择不系鞋带的。这样不仅有助于孩子逐步掌握穿衣服的本领，也有利于孩子获得自信。

懂得欣赏，允许犯错

孩子刚开始学穿衣，难免犯错，裤子前后穿反了，袜子没有配好对……家长肯定孩子的每一分努力，欣赏他的每一个创意，比揪着他的错处不放，更能激发他去把事情做好。爱与支持，永远是孩子努力学习和克服困难的力量。

孩子学习穿衣服的顺序

- 袜子。
- 帽子。
- 裤子。
- 上衣。
- 鞋子。

心理学小知识：“皮格马利翁”效应

美国著名心理学家罗森塔尔和同事做了一个实验，随机抽取了一份学生名单，告诉老师这些都是最优秀的孩子，结果一个学期下来，这些孩子的成绩有了很明显的提升。这说明，每个人都会不同程度地受到别人下意识的影响，人们通常会不自觉地接受自己喜欢、钦佩、信任和崇拜的人的影响和暗示。你越鼓励，孩子越会成为你期待的样子。

贾军老师来支招

不少父母认为，孩子大了自然就会穿脱衣服了，但事实上，有的孩子在入园后仍然不能独立穿脱衣服。其实，学习穿脱衣服是一个循序渐进的过程，所以从孩子喜欢揪自己的小袜子开始，就要尝试引导他锻炼这方面的能力。

通过游戏获得基本认知

父母可以边跟孩子玩给娃娃穿衣的游戏，边让孩子对衣服的作用、穿衣服的顺序、衣服对应在身体上的位置有初步认知。比如，玩的时候可以告诉他：“要给布娃娃穿好上衣，不然小肚子会着凉。”或者提醒他："还需要穿上什么呢？"

引导孩子多观察、细分辨

很多宝宝穿衣会穿反，这正是锻炼他观察能力的好机会。可以引导宝宝分辨衣服前后，告诉他衣领部分有标签的是后面，有缝衣线的是里面。这样，孩子就会避免穿反衣服。

分解动作，一个个解决穿衣难点

• 刚开始练习时可以降低难度，让孩子做最后一个动作，让他体验成就感，对穿衣更有信心。比如，帮助孩子将两条腿伸进裤管后，由孩子自己将裤子提到肚子的位置。

• 有些难点可以专门练习，比如，扣扣子的精细动作，对孩子来说

并不容易，可以请孩子给妈妈扣上衣扣子来多加练习。

- 衣服正反面的观察放在最后，比如，穿套头衫时，先告诉他正确的一面，再请孩子将衣服穿上。

有趣的阅读来助力

在孩子练习自己穿衣服的阶段，父母可以为孩子选绘本进行亲子共读，比如《小手手，出来了》《衣服衣服捉迷藏》《呀，内裤穿反了》《阿立会穿裤子了》《光溜溜穿衣服》等。亲子共读不仅为孩子学着穿衣服起到了示范作用，还能让孩子产生共情，自然而然地习得穿脱衣服的技能。

小游戏，大能力

自己穿衣服是孩子必须掌握的一项生活技能，为了让这个学习过程更加愉快、有效，准备两个有趣的游戏和他一起玩起来吧。

穿衣游戏 | 给娃娃穿衣

活动目的：了解穿衣服的顺序和过程；锻炼精细动作。

活动准备：一个可以穿脱衣服的布娃娃。

活动过程：

- 让宝宝扮作布娃娃的妈妈，给布娃娃穿衣服。

- 妈妈给宝宝示范穿衣顺序和过程。
- 让布娃娃坐起来，将上衣摆好，套在布娃娃头上。
- 将布娃娃的小胳膊分别从袖管里掏出来。
- 将小裤子分好前后，然后让两条腿分别伸进裤管里，向上一拉就穿好了。

请孩子观察，还需要穿什么呢？这一步请孩子自己想，是不是要穿袜子、鞋子等。

注意事项：

一般孩子会根据自己平常穿衣服的习惯为布娃娃做判断，父母只需要赞扬、配合就好，切勿过多干预。

儿歌游戏 | 我会穿衣服

活动目的：通过念儿歌，让孩子学习穿衣的方法和顺序，培养穿衣的兴趣。

活动准备：儿歌《我会穿衣服》。

活动过程：

- 大人和孩子一起比赛念儿歌，看谁念得又快又对。
- 按照儿歌中所教的步骤，孩子和大人一起穿衣服。
- 穿完后，一起照镜子，看谁穿得又快又整洁。

《我会穿衣服》

一件衣服四个洞，宝宝钻进大洞洞。

脑袋钻出中洞洞，小手伸出小洞洞。

自主穿衣热点问答

Q：孩子3岁多了，还不能独立穿衣，正常吗？

A：一般来说，3岁的孩子可以练习自己穿衣了。父母要观察孩子平时起床或睡觉时有没有主动穿衣或脱衣服的动作。如果有，那其实就是孩子已经开始自己探索着要掌握这项技能了。此时，父母要多加引导，可以帮助孩子完成一部分穿衣服的动作，然后再鼓励他完全掌握。当然，如果父母通过观察后，发现孩子完全没有伸手穿脱衣服的动作，那就要想办法启发和激励孩子自己穿衣服了，比如，一起读几本和穿衣服有关的绘本，或玩相关的游戏等。

Q：孩子只喜欢脱衣服，不喜欢穿衣服，该怎么办？

A：孩子学习穿衣服的确是先从脱衣服开始的，比如，两只小袜子一拽就露出了脚丫，或者两只小脚丫互相一踩，鞋子就脱掉了。对于孩子而言，衣服是一种束缚，他会本能地先学会脱鞋子、袜子和衣服。父母在理解了孩子的这一特点后，可以循序渐进地引导孩子自己穿衣。如果发现孩子出现挑选衣服或执意穿某一件衣服的行为时，父母不必紧张，也无须和他争执。此时最主要的任务是激发孩子自主穿衣的兴趣，所以，可以暂时由着孩子对某件衣服的喜爱，吸引他尝试自己穿衣服。

Q：孩子在开始尝试自己穿衣服的时候，父母在引导的过程中有哪些方面需要注意？

A: 在孩子的成长过程中，让孩子自己穿衣服是一项需要主动掌握的本领，但很容易被父母忽略。等到上学，孩子这项技能没学会，很多家长却因为早上时间紧张，埋怨孩子太笨，怎么还不会穿衣服。出现这样的情绪后，就很容易在引导时失去耐心。因此，父母需要及时了解孩子在生长发育的每个阶段应达到的能力，并给予恰当的帮助和鼓励，才会有水到渠成的收获。

Q：孩子穿衣服总是很磨蹭，有什么好的解决办法吗？

A：父母每次带孩子出门前，预留足够的挑选衣服时间，同时也留出孩子自己穿衣服所需要的时间。如果时间紧张，父母还可以和孩子一起玩“穿衣服”比赛，激励孩子提高自己穿衣服的效率。

Q：孩子去别人家做客，总是不愿意脱鞋，怎么办？

A：出现这种情况可能有两个原因：第一，着急和主人家的小朋友玩，顾不上脱鞋；第二，脱鞋子后，没有适合他换的家居鞋。父母可以多留意观察，也可以在回家的路上不经意地询问一下孩子，让自己的猜测得到证实，以后根据孩子的实际情况，做出相应的调整。

Q：孩子对自己的衣服款式和颜色都非常挑剔，应该怎样引导?

A：3岁后的孩子逐渐有了自主意识。孩子如果只喜欢粉色或蓝色，或者特别钟情一条裤子，都会让人觉得他看上去比较执拗。这时父母不需要表露得太在意，可以不动声色地为孩子添加几件备选衣服。孩子的这种现象并不会持续太久，而且当他发现你没有强迫他穿自己不喜欢的衣服时，就会重新审视其他衣服了。

Q：孩子已经学会自己穿衣服了，但最近对穿衣服很抵触，一让他自己穿衣服就大哭不止，这可怎么办?

A：家长可以观察一下孩子是否在穿衣服时遇到了挫折。刚开始练习穿脱衣服的时候，孩子难免手忙脚乱，比如，把衣服的前后里外穿错了，或是将两条腿同时伸到一个裤管里了。这时父母不要急着纠正，可以询问孩子是否感觉到不舒服，带孩子到镜子前看一看自己的样子。通过这样的方式，引导孩子自己观察，找到出现错误的原因，然后鼓励孩子重新尝试一遍。

在孩子穿脱衣裤时，父母需要做到及时肯定，并给予表扬。即使孩子没有完全穿好，也应当找到孩子做得比较好的地方积极表扬鼓励，这也有利于孩子自信心的培养。

Q：女儿3岁半了，自己会穿衣服了，但每天起床她自己只穿裤子，穿好裤子就在那里哭闹，要我帮她穿上衣。我有时候故意不帮她，她就会一直哭闹。这到底是怎么回事？

A：首先，妈妈要搞清楚，上衣穿起来是不是很麻烦，如果上衣不好穿，对宝宝来说就有些难度，她肯定就不想去穿。建议妈妈不要给宝宝买太复杂的衣服，特别是在宝宝学习自己穿衣服的阶段，款式复杂的衣服会让宝宝学习起来有难度而感到气馁。其次，如果不是衣服难度的问题，妈妈可以和宝宝做个游戏，今天她穿上衣，明天妈妈帮忙穿裤子，后天再轮回……以此来增强宝宝学穿衣服的兴趣。

CHAPTER

7

爱护牙齿

儿童行为问题

嘟嘟4岁半了。前几天，幼儿园进行口腔检查，医生发现嘟嘟有两颗龋齿，建议家长尽快带孩子去医院。嘟嘟妈妈一边给嘟嘟预约口腔门诊，一边忍不住有些焦虑：为什么一直给孩子刷牙，可他还是患了龋齿？龋齿好治吗？今后该怎么护理……

贾军老师来解读

乳牙更容易发生龋坏

由于孩子的乳牙抗酸力弱，更容易被牙菌斑腐蚀，而且孩子的食物大多黏软，容易在细菌的作用下发酵。加上孩子年龄比较小，睡眠时间相对较长，在睡眠期间唾液分泌减少，这样的口腔环境更有利于细菌繁殖。所以孩子在乳牙期容易出现龋齿。

世界卫生组织关于健康牙齿的标准

- 牙齿清洁。
- 无龋洞。
- 无疼痛感。
- 牙龈颜色正常。
- 无出血现象。

1岁左右，警惕奶瓶龋高发

1岁前后，孩子的乳牙不断萌出，虽然接触的食物种类逐渐增多，但很多孩子还会使用奶瓶喝奶。与用勺进食相比，用奶瓶喝奶由于没有咀嚼动作，孩子基本不存在口腔自我清洁的过程。尤其是习惯奶睡的孩子，会让牙齿长期浸泡在奶液里，不及时清洁会形成酸性的口腔环境，导致牙齿脱矿、龋坏。

食物过于精细，会大大增加牙齿龋坏的可能性

父母在宝宝的食物搭配上一定要做到粗细结合，让食物有足够的颗粒感，并适度加入含有粗纤维的食物。主要原因有：

• 精细的食物通常比较细、软，且较为黏腻，更容易附着在牙齿上，很难清洁，会增加牙齿龋坏的可能性。

• 精细的食物往往不需要咀嚼就能咽下去，孩子长期没有啃咬、咀嚼的锻炼，会影响面部骨骼的发育，使恒牙排列不齐。

不良的口腔习惯要及时纠正

有些行为习惯在某个成长阶段是正常现象，如较小月龄的宝宝吸吮手指，但如果宝宝超过1岁还吸吮手指，则可能引起上颌前突、牙列不齐等问题，要及时纠正。还有些不良的口腔习惯，一旦发现也要及时纠正。

• 长期咬嘴唇。长期咬上嘴唇会导致下颌前凸，上前牙拥挤；而咬下嘴唇则可能使下颌后缩，下牙拥挤。

• 长期舔牙齿，会使上下牙不能较好地闭合。

• 长期偏侧咀嚼，会造成孩子的脸型不对称，而且较少使用的一侧牙齿还会由于自我清洁不够，更容易出现龋齿、牙龈肿痛等多种口腔疾患。

口腔护理不到位

孩子一出生，妈妈就应该开始为他进行口腔清洁，到乳牙萌出时，就要开始刷牙了。在这个过程中，选择合适的牙刷、牙膏，以及每天进行口腔护理的时间及次数等，都需要妈妈一步步地认真学习、执行。哪一个环节不到位，都会增加孩子牙齿龋坏的风险。

贾军老师来支招

清洁口腔，从出生开始

孩子出生后，妈妈就应该养成每天为孩子清洁口腔的习惯。每次进食后，妈妈可以选择一块干净、柔软的纱布，蘸着清水为孩子清洁口腔。等孩子的第一颗乳牙萌出后，父母就要用专门为孩子设计的指套牙刷，开始认真地为宝宝刷牙了。

早期刷牙任务，需要父母来辅助完成

随着孩子的年龄慢慢增长，到孩子可以抓握牙刷柄之后，就可以试着让他自己刷牙了。但学龄前的孩子手部精细动作的发育还不够完善，专注力也不够，很难保证刷牙质量。所以，让学龄前的孩子自己刷牙，更多的是培养他爱牙、护牙的好习惯，在孩子每次刷完牙之后，父母应帮他检查一下，刷得不干净的地方还要帮他再刷一次。

使用牙膏，并不是越早越好

3岁前，孩子只需用清水刷牙即可。

因为孩子年龄小，还不能自如地吐出牙膏泡沫和漱口水，这时如果使用牙膏，很有可能会一不小心把牙膏咽下去，所以在孩子完全具备这个能力之前（3岁左右），不要给孩子使用牙膏。

当孩子学会自如地吐出牙膏泡沫和漱口水后，就可以开始正式使用牙膏了。

牙膏一次不要使用过多，每次挤出豌豆大小即可。

定期进行口腔检查

- **第一次口腔检查的时间是什么时候？**

孩子的第一颗乳牙萌出后的6个月内，父母应带孩子进行第一次口腔健康检查，并养成定期进行口腔检查的习惯。

- **带孩子去口腔门诊干什么？**

一方面可以让孩子接受看牙的过程；另一方面，口腔科医生会对孩子的口腔健康情况进行评估，告诉家长口腔护理知识以及相关的正确喂养方式，如何及时发现龋齿，并尽早治疗。

吸吮手指习惯巧纠正

如果孩子在1岁以后还有吸吮手指的现象，家长需要想办法帮他纠正。吸吮手指一般发生在孩子独处或入睡前，家长可以多给宝宝找点儿事情做，让他的小手别闲着；或者在入睡前陪伴他，拉着他的小手，给他讲讲故事，用其他的入睡仪式来替代吃手指。

其他毁齿坏习惯可向医生求助

纠正其他的不良毁齿习惯，如咬唇、口呼吸、下颌前伸等，对于父母来说有些难以完成，如果父母的初步干预没有效果，不妨及时带孩子就医，大部分儿童口腔门诊有纠正这些不良习惯的辅助医疗工具，口腔科医生会根据孩子的情况，尽早帮助孩子纠正坏习惯。

小游戏，大能力

无论是让孩子学会正确的刷牙方式，爱上刷牙，还是减少对口腔检查的恐惧心理，枯燥地讲道理都不如做游戏来得简单、有效。

小剧场 | 鳄鱼怕怕，牙医怕怕

活动目的：通过角色扮演，让孩子不再害怕去看牙科医生。

活动准备：一套牙医玩具，绘本《鳄鱼怕怕，牙医怕怕》。

活动过程：

- 和孩子一起读绘本《鳄鱼怕怕，牙医怕怕》，讨论为什么鳄鱼会害怕，牙医害怕什么。
- 利用牙医玩具一起学习各种口腔医疗工具的使用方法。
- 妈妈扮演看牙医的鳄鱼，让孩子扮演牙医。
- 通过对话，妈妈把鳄鱼开始害怕，到后来不再怕的过程“演”给孩子，通过引导孩子进入牙医的角色来缓解他对牙医的恐惧心理。

进阶玩法：

- 玩熟练后，妈妈和孩子交换角色，让孩子体验去看牙医的过程。
- 加入其他看牙的小动物角色。
- 鼓励孩子用自己的实际身份“演习”看牙的过程。

儿歌游戏 | 学儿歌，练刷牙

活动目的：学习刷牙的正确动作，增加刷牙的趣味性。

活动准备：儿童牙刷、儿童牙膏、小凳子、儿歌《刷牙歌》。

活动过程：

- 孩子和大人一起站在洗漱间的镜子前。
- 让孩子站在小凳子上，基本和大人视线平齐。
- 大人和孩子先一起比赛念儿歌，看谁念得又快又对。
- 按照儿歌中所教的步骤一起刷牙。
- 刷完后一起张开嘴，露出牙齿比一比，看谁的牙齿白。

《刷牙歌》

小牙刷，手中拿，刷刷我的小白牙。

上刷刷，下刷刷，左刷刷，右刷刷。

里刷刷，外刷刷，刷完清水漱漱口。

张开嘴巴笑哈哈，张开嘴巴笑哈哈。

Q：儿童牙刷五花八门，该怎么选？

A：儿童牙刷的选择需要从三个方面入手。

一看刷毛。由于孩子的牙龈比较柔嫩，容易受到伤害，所以儿童牙刷的刷毛一定要柔软。

二看刷头。同成人相比，孩子的口腔容纳空间较小，因此儿童牙刷的刷头要小一点，这样才能灵活地在孩子的口腔里上下活动，把每个细小的位置都刷到。

三看牙刷的握柄。孩子的精细动作发育还不够完善，过细、过长的握柄不利于孩子抓握。因此，儿童牙刷的握柄一定要短而粗。

需要注意的是，为了保证口腔清洁的质量，一般两三个月左右就要更换一次牙刷。

Q：朋友推荐我给孩子选无氟牙膏，说使用含氟牙膏会引起氟中毒，请问这种说法对吗？

A：氟元素可以和牙釉质中的成分结合，使牙齿变得紧固，能更好地抵抗口腔内酸性物质的侵袭，保持牙齿的健康。因此最好为孩子选用含氟的儿童牙膏，儿童牙膏中含氟量是经过验证的，远远没有达到氟中毒的剂量。

当然，在一些含氟高的地区，由于居民在日常生活中氟摄入较高，就不要使用含氟牙膏了。建议父母在给孩子选择牙膏之前，先确认居住地是否为高氟地区。

Q：为什么医生建议孩子6岁要做窝沟封闭？

A：准确地说，并不是简单地建议孩子6岁做窝沟封闭，而是孩子在6岁左右会萌出第一恒磨牙，也就是俗称的六龄齿。六龄齿不是乳牙，是终生不换的，而且作为磨牙，它对人的咀嚼功能有着非常重要的作用。同时由于六龄齿排在牙列的最末端，且孩子自己的口腔保护能力还不足，常常对于牙齿的窝沟处清洁不到位，很容易出现龋坏，并且早期龋坏不易被发现。因此，医生建议在六龄齿萌出后，尽早做窝沟封闭，以起到保护作用。

Q：孩子的乳牙没有掉，新牙就长出来了，该怎样处理？

A：正常情况下，孩子换牙的顺序是乳牙先掉落，新牙再萌出，但现在常常会出现孩子的恒牙已经萌出，但乳牙还“在岗”，呈现出双排牙的情况，这种现象被称为“乳牙滞留”。出现乳牙滞留，家长可带孩子去医院就诊，口腔科医生会将滞留的乳牙拔除，否则迟迟不掉的乳牙会给门牙挡道。乳牙刚拔除时，原位置会出现一个洞，显得不太美观，对此家长不必担心，因为去除了乳牙的阻碍后，新的恒牙会向前（唇的方向）自行排列，不久后就会排齐了。

Q：乳牙早晚会掉，所以乳牙龋坏是否治不治都行？

A：乳牙龋坏会增加恒牙龋坏的风险。龋坏形成的龋洞很容易容纳食物残渣且不易清洁，破坏口腔环境，从而大大增加恒牙龋坏的可能性。乳牙龋坏会影响恒牙牙胚的形成，继而影响恒牙萌出的顺序和位置，导致恒牙排列不齐等。另外，在牙齿龋坏严重的情况下，孩子可能会由于牙齿疼痛等问题引起食欲不振，严重的还会导致营养不良，或者出现长期偏侧咀嚼，导致面部不对称等问题。因此，如果乳牙期出现龋齿，父母应该带孩子及时就医。

Q：孩子一看到别人吃甜食就特别眼馋，但让他吃又怕他长蛀牙，该怎么办？

A：糖的摄入在孩子的发育过程中是必不可少的，而且过度干预会强化孩子对甜食的渴望，因此，家长可以让孩子适当地吃一些甜食。父母可以给孩子适当准备一些甜食，和孩子商量每周吃的次数，并要求孩子每次吃完甜食后及时用清水漱口、刷牙等。

Q：孩子的牙磕了一下，有些松动，需要去看医生吗？

A：孩子的牙齿受到碰撞，只要牙齿有松动，无论症状是否严重、疼痛感是否明显，家长都不要存有侥幸心理。因为虽然受伤的牙齿外观没有什么变化，但有可能它周围的组织已经受到了伤害。正确的处理方式是，首先告诉孩子不要再碰受伤的牙齿，然后及时带孩子就医，医生检查后会根据不同的情况进行处理。后续还要根据医嘱定期复诊。

CHAPTER

8

自己上厕所

儿童行为问题

萌萌刚过1岁，妈妈想给萌萌进行如厕训练，并为他准备了坐便器。萌萌知道这个椅子是拉臭臭用的，可是坐进去就是不拉，等快有臭臭的时候，他就站起来拉在外面。爸爸主张强制让他坐马桶，妈妈觉得讲道理比较好，可萌萌软硬不吃，爸爸妈妈不知如何是好。

贾军老师来解读

如厕训练不必过早

一般来说，宝宝到18个月以后开始进行如厕训练比较好，不必过早。过早进行如厕训练，由于宝宝的能力不够，还做不好，反而会给家长带来麻烦，同时还会增加孩子的挫败感。

如厕训练时，别犯这些错误

如果宝宝对坐便器很抵触，或一时用得不太好，要先让宝宝缓一缓，过段时间再尝试使用。如果宝宝没忍住尿裤子了，或者没有及时去厕所，父母切勿责骂、惩罚孩子，要耐心询问，正确引导、鼓励孩子。

知识链接：

《美国儿科学会育儿百科》中写道："研究表明，在18个月之前就学习上厕所的孩子通常要到4岁之后才能完全掌握相关技能。相反，那些2岁左右才开始训练的孩子，只需要1年时间就可以独立上厕所了。训练完成的平均年龄为2岁半左右。"

可以开始如厕训练的信号

妈妈可以注意观察，如果宝宝有以下表现，就可以开始进行如厕训练了。

- 宝宝能够自己穿衣服，会说简单的词语，有前后空间感，排便有规律等。
- 宝宝对如厕感兴趣，可能会观察马桶，或者看大人怎么上厕所。
- 大小便时宝宝试图告诉你，可能是动作或语言，比如会蹲下或脱下裤子，甚至在马桶上坐一坐。

营造轻松的如厕环境

宝宝刚开始学坐马桶时，父母可以在一旁陪他说说话、唱唱儿歌，还可以在宝宝坐在马桶上平视的范围内，贴一些可爱的图片，让宝宝的

情绪得以放松。其实，做这些的主要目的是让宝宝熟悉自己的小马桶，让宝宝对如厕没有心理障碍。

夜间如厕训练，做好长期准备

宝宝在经过2～3个月的如厕训练后，就能够很好地掌握白天的如厕规律了。但对于夜晚睡觉的如厕训练，父母一定要做好心理准备，宝宝可能要用几个月甚至几年才能完全控制好。因此，建议妈妈为宝宝准备一次性的训练裤或隔尿垫，用在宝宝晚间睡觉的时段。

贾军老师来支招

如厕训练是个需要耐心等待的过程，它的顺利完成不取决于父母的主观愿望，而在于宝宝动作与心智两方面的成熟度和它们的完美配合。因此，帮助宝宝脱掉纸尿裤这件事，不仅要有科学的方法，最重要的还要让宝宝开心地完成如厕训练。

让宝宝提前适应

- 在卫生间给宝宝换纸尿裤。
- 让宝宝观看大人是如何如厕的。
- 让孩子坐坐便盆，以建立便盆与排便的关联。

• 建议从夏季开始训练，换洗方便，最为理想。

准备好宝宝专用的小便盆

• 不要直接用家中的成人马桶，成人马桶太高大了，宝宝坐上去脚不着地，甚至有可能陷进去。带孩子一起去选购便盆，让他挑自己喜欢的款式，这样他更有积极性。

• 鼓励宝宝试着坐坐小便盆，确认宝宝的双脚可以舒适地放在地上。

• 回来后和宝宝一起把便盆放置在卫生间的固定位置。

设置上厕所的时段

如果宝宝已经对自己的专属小马桶感到很满意，父母就可以让宝宝在一天内的几个时段试试自己坐在小马桶上，可以先坐几分钟。如果宝宝在这个时段正好排便了，就会大大增加宝宝对使用小马桶的信心。此时，一定不要吝啬对宝宝的夸赞。

掌握宝宝如厕的最佳时间点

一般宝宝小便的时间应安排在他刚睡醒和饮水后。大便的时间应安排在某一餐后或某个时间段，因为饭后食物可以促进肠胃蠕动，常常有助于宝宝粪便的排出。

男宝宝如厕训练：先学坐，再学站

让男宝宝先学坐便，不必分大便还是小便，这样宝宝更容易掌握，只要是排便，让他直接去卫生间脱下裤子坐到便盆上，自己搞定。等宝宝完全掌握坐着大小便以后，可以由爸爸来教儿子站着小便。

练习坐便盆

带宝宝来到便盆旁，示范脱下裤子，让宝宝照着做——把裤子脱到小腿位置，坐到便盆上。这可以当作游戏来玩，随时练习，只要宝宝坐上去，妈妈就要夸宝宝学得快。

裤子要易脱

如厕训练时，裤子要易脱，而不要太过追求美观。宝宝通常会憋到不得不尿尿时才去卫生间，如果关键时刻裤子却怎么也解不开，肯定会尿湿，这样会打击宝宝的自信心。

固定步骤

每次都重复同样的如厕步骤，宝宝很快就能记住：脱裤子→坐便→擦净→穿裤子→洗手。如果有保姆或是老人参与带孩子，也要求他们按这个步骤来。千万不能各行其是，否则宝宝会无所适从。

练习擦拭

一开始，妈妈要为宝宝擦屁股。等宝宝稍大一些后，要训练宝宝自己擦干屁股。妈妈要从一开始就教孩子正确的擦拭方法，一定要从前往后擦，让宝宝养成习惯，尤其是大便后。正确的擦拭方法可以预防尿路感染。

看绘本，懂如厕

《便便超人》《马桶的故事》《上厕所》《我要小马桶》《我要拉粑粑》等，都是可以引导和激发宝宝自主如厕的好读物。通过翻看和听这些故事，不仅为宝宝练习如厕起到了示范作用，还能加强他对如厕训练的认知，并让他从心理层面慢慢接受。

小游戏，大能力

在训练宝宝如厕的过程中，父母既要积极、耐心地引导宝宝，也要和宝宝玩有趣的小游戏，让宝宝轻松、愉快地掌握如厕的方法和要领。

蹲起游戏 | 我的小马桶

活动目的：练习蹲起动作，增强宝宝使用小马桶的意识，熟悉使用小马桶的步骤。

活动准备：呼啦圈。

活动过程：

• 在卫生间或宝宝的游戏场地先放置一个呼啦圈。

• 启发宝宝："现在呼啦圈就是宝宝的小马桶，让我们先来找到它。"

• 找到后，跳进呼啦圈里，并配合语言指导："哇，找到小马桶了，快坐好。"边说边引导宝宝蹲在呼啦圈里。

• "呼啦啦，宝宝上完厕所了。"此时引导宝宝做擦屁股的动作，然后站起来。

• 走出呼啦圈，并配合语言指导："宝宝好舒服，再来玩一次。"边揉着小肚子，边回到游戏区。

为了让游戏过程有趣并能加深印象，还可以在游戏过程中唱下面的儿歌。

《找马桶》

找呀找，找找找，找到一个小马桶，
坐上去，坐好了，嘘嘘嘘，嘘嘘嘘，
娃哈哈，说再见！
找呀找，找找找，找到一个小马桶，
坐上去，坐好了，扑通通，扑通通，
哈哈哈，好舒服！
再和便便说拜拜！

识别游戏 | 找厕所

活动目的：认识男女厕所的标识，让宝宝学会在公共场合找到与自己性别相匹配的厕所。

活动准备：男女厕所标识卡，男宝宝和女宝宝玩偶，男生和女生小头像剪成的图片，白纸板，双面胶。

活动过程：

• 先和宝宝识别男女厕所的不同图标，并指着和宝宝性别相匹配的图标告诉他："找到这个图标，你就可以进去上厕所了。"

• 父母在白纸板上画两个长方形，将男女厕所的标识卡用双面胶贴在长方形内，并在长方形下方预留空白处。

• 和宝宝一起手拿不同的男宝宝或女宝宝的小玩偶，走过来找厕所，找到对应性别的厕所，将对应的男女生小头像贴在长方形内预留的空白处。

• 将手里的男女生小头像贴好后，再来和宝宝一起检查一下，看看有没有找错厕所。鼓励宝宝独立完成，如果找错了，要请宝宝纠正错误，并重新贴头像。

如厕训练热点问答

Q：如何判断自己家的宝宝可以开始进行如厕训练？

A：大部分的宝宝在1岁半到2岁的时候，控制排泄的肌肉逐渐趋于成熟，这时可根据宝宝的情况进行如厕训练。进行如厕训练的最明显信号表现为：宝宝一次排出的尿量较多，并且可以有数小时保持纸尿裤不湿；同时还要遵循孩子身心发展的特点，例如，宝宝有强烈的意愿不想穿纸尿裤了，并能表达得很清楚。当这几个方面的条件都具备了，就可以开始进行如厕训练了。

Q：进行如厕训练后，宝宝还总是爱尿裤子，这是怎么回事呢？

A：在训练宝宝如厕的过程中，宝宝还是会反复出现尿裤子的情况，这几乎是每个小宝宝都会出现的情况。宝宝的括约肌在3岁左右才能完全发育成熟，因此，在宝宝的括约肌发育成熟之前，不可能完全控制好排便，出现尿裤子的情况很正常。

Q：宝宝在便盆中小便没问题，但不愿意在便盆中大便，这是怎么回事呢？

A：出现这种情况，家长不必紧张，应避免过多地强调这件事。首先，家长可以了解宝宝平时的大便时间，到时间了提示宝宝要去拉臭臭；其次，留意一下家人平时说话是不是过多地用了“脏”或“臭”等贬义词，这会让长大的宝宝本能地选择躲避；最后，告诉宝宝每个人都会拉臭臭。

Q：宝宝白天排便还好，但晚上会尿床，该怎么控制？

A：很多宝宝在白天知道自己上厕所，也很少尿裤子，但一到晚上就会尿床。这个时候家长要做好预防工作：晚饭后控制宝宝的饮水量，不要让宝宝喝太多的水，并在睡前带宝宝去厕所排空小便。如果夜间宝宝不能憋尿，父母可以在宝宝的床上铺上隔尿垫，这样床单就不会湿。

Q：穿开裆裤会不会有利于如厕训练？

A：无论是男宝宝还是女宝宝，都不建议穿开裆裤。穿开裆裤会使宝宝的小屁股暴露在外，容易受细菌侵染。最好让宝宝穿封裆裤，防止污物入侵小屁股。而且，在如厕训练的过程中，穿开裆裤并不能真正地为孩子获得一项生活技能，只是家长眼中的“方便”而已。穿宽松、不系带的裤子倒是很有必要，方便宝宝在如厕的时候能够快速地拉下小裤子。

Q：宝宝从6个多月会坐开始，奶奶就开始把尿，这种如厕训练可以吗？

A：从小把尿可以训练宝宝定时排便的意识，然而，在宝宝的神经系统发育尚未达到能够控制大小便的程度时，把尿只是锻炼宝宝条件反射的意识，并非他真的想“尿”。仔细想想，是不是把尿的次数要比宝宝排尿的次数多很多？因此，把尿不能称为真正意义上的宝宝如厕训练。

Q：宝宝2岁多了，但不肯脱纸尿裤，这可怎么办？

A：出现这样的现象，大概有两个原因：第一，宝宝还处在肛欲期，这个阶段的孩子会通过憋屎、憋尿来体验憋不住的临界点，憋不住的时候就会排在纸尿裤里。而如果取掉纸尿裤，就没有办法体验那种憋不住的临界点，所以孩子会抗拒取掉纸尿裤。第二，父母要反思一下之前孩子尿尿或拉屉屉后，帮他换衣服和清洗的时候，是不是出现了不接纳或指责的情况。成人的不接纳和指责会给孩子带来心理压力，孩子会担心被成人责备而不让取掉纸尿裤，这完全是孩子自我保护的表现。

肛欲期通常在孩子1.5～3岁这个年龄段，主要表现为孩子通过憋大小便以获得快感，这是孩子性心理发展的正常表现。肛欲期是孩子建构大小便控制系统必然会经历的重要阶段。

CHAPTER

9

懂礼仪，有礼貌

儿童行为问题

3岁的省心一点儿也不让妈妈省心。每次在小区里见到熟悉的爷爷奶奶，省心总是大吼一声扭头就走，很少打招呼。不仅如此，妈妈带着省心去朋友家做客，他有时候会弄坏别人家的东西，甚至把食物、玩具丢得到处都是，这让妈妈觉得很尴尬。

贾军老师来解读

不懂礼貌的孩子，心里在想什么

大人都知道，一个懂礼仪、讲礼貌的孩子，走到哪儿都受人欢迎；一个不讲礼貌的孩子，可能很难融入同龄人的圈子，也很难得到大人的认同和欣赏。

可作为孩子，他未必真正懂得“礼仪礼貌”的含义，他可能只是在用自己的方式来探索陌生的环境，他可能只是性格天生有点儿害羞，他可能不知道到底怎么做合适，他甚至都不太理解为什么要懂礼貌。因此，理解孩子的想法，让孩子懂得“为什么要懂礼貌”更为重要。

孩子不懂礼貌，父母的应激情绪只会让事情变得更糟糕

看到孩子不打招呼、乱扔东西，不少父母会觉得尴尬，甚至会发火。但这些都是成年人的感受，如果父母只是对自己的感受做出了应激反应，根本不了解孩子为什么“不懂礼貌”，就认为孩子“不懂事”，会把孩子推到自己的对立

面，让孩子的表现进入恶性循环。

多关注孩子的感受，而不是周围人的感受

孩子不礼貌，确实会让家长感到很尴尬，但家长应把尴尬放在心里，优先考虑孩子的感受。孩子的内心其实很敏感，作为一个幼小的个体，他会对陌生的事物保持警惕，用沉默来保护自己，这都是可以理解的。所以，父母要关注孩子的感受，从孩子的角度试着了解他不讲礼貌的缘由，再在这个基础上向孩子解释为什么要养成讲礼貌的好习惯。

有研究表明，孩子对“打招呼”等礼貌行为的抵触可能是因为内心的恐惧和自我防备的表现。

以身作则，解决礼貌问题的绝招

孩子是父母的一面镜子，他们的大部分行为都是父母行为的传递。因此，以身作则能有效解决孩子的问题。这里的以身作则其实分为两方面：一方面，尊重孩子的想法，让孩子意识到，大人的想法同样也需要被尊重；另一方面，为孩子的行为做出榜样，让孩子以父母的行为为模板进行潜移默化的学习。这样一来，当孩子再遇到陌生人或到别人家做客，就懂得如何应付自己内心的情绪，也知道自己应该怎么做。

贾军老师来支招

0～6岁是培养孩子行为习惯的黄金期。需要注意的是，孩子的很多行为会因为各种原因产生变化，所以在培养孩子的过程中不仅需要耐心，还要注意别动不动就给孩子贴“坏习惯”“坏毛病”的标签。

注意为孩子做“介绍”

做介绍的过程是尊重孩子的过程，更是帮助孩子消除紧张情绪的过程。父母平时带孩子出门遇到熟人的时候，可以先给孩子做介绍，

比如，把自己的朋友介绍给孩子："这是妈妈的好朋友，你可以叫阿姨。"也要向大人介绍孩子："这是我的女儿，她叫楠楠。"

提前说明将会发生什么

在去别人家做客之前，可以提前跟孩子做简单的心理建设，让孩子知道他可能会面对什么，慢慢地孩子就会建立起自己的应对方法，并能够独立面对未知的情况。比如，出门之前告诉孩子："今天我们要去爸爸的朋友家，你可以喊他叔叔。叔叔非常喜欢你，我们会在叔叔家吃好吃的，还有小朋友和你一起玩。"

多给孩子做演示

多给孩子做演示，让孩子对"讲礼貌"有更清晰的概念。

- 注意演示细节。比如每次回家时，可以给孩子演示怎么敲门——用手指关节轻轻地敲门，每次敲三下，停顿片刻等待家人的回应，得到允许再进门。

- 能辨别行为的对与错。比如，可以告诉孩子："宝贝，不要用力捶门，不要不停地按门铃或者大声喊叫，这样的声音让人听起来很不舒服，所以人家会不太开心哦。"

- 先学会动作，再延伸拓展。比如，每天上班前跟孩子用正确的方式道别——对着孩子摆一摆右手："妈妈去上班了，再见哦！"每天下班回家后和孩子打招呼，伸出右手对着孩子摆一摆："宝贝，妈妈回来了。"孩子学会后，告诉他在外面也可以这么和别人打招呼。

帮助孩子养成保持整洁的习惯

讲礼貌中很关键的一个环节是保持良好的卫生习惯，乱扔东西或者随地吐痰是非常不礼貌的行为。

• 激发孩子的积极性，建立保持整洁的习惯。在家里陪伴孩子时，要督促孩子收拾好自己的玩具，提醒孩子把垃圾丢到垃圾桶里。玩完玩具后，父母可以陪着孩子一起收拾玩具，先带动起孩子的积极性，然后让孩子独立收拾玩具，帮他养成保持整洁的好习惯。

• 发挥想象，帮助孩子养成不随便乱扔垃圾的习惯。如果孩子现阶段暂时不能理解为什么不能乱扔垃圾，可以激发孩子发挥想象力，比如，告诉孩子："垃圾桶是专门吃垃圾的超人，它会把小虫子和看不见的细菌统统装进它的肚子里，让我们的家变得既卫生又整齐。"通过这种方式让孩子养成好习惯。

让孩子明白"边界感"的含义

很多孩子跟小朋友一起玩会抢别人的玩具，或者乱动别人的东西，这样的行为同样属于不礼貌的范畴。只有慢慢地让孩子建立边界感，给孩子足够的尊重，孩子才会明白"什么是自己的，什么是别人的"，也只有这样才能使孩子懂得尊重他人的隐私，不乱动不属于自己的东西。

了解边界感，先从父母做起。家长可以明确地划分出父母和孩子的私人空间，比如，孩子关着门，父母要敲门，经过允许才能进入；父母的房间关着门，孩子也需要敲门才能进入；父母翻看孩子的书包需要得到孩子的同意；孩子翻父母的衣柜也同样需要得到允许。

> 0～6岁的孩子很需要父母蹲下来，从孩子的视角去看待问题。因此，培养孩子的行为习惯，也要用“模拟情景”“过家家”等方式让孩子慢慢意识到什么是对的、什么是错的，而不是一味地告诉孩子，你这样做是错的，你要怎么做才是对的。动态地把“讲礼貌”演示给孩子看，孩子才更容易理解，并乐于照做。

小游戏，大能力

引导孩子懂礼仪、讲礼貌并不是一件困难的事情，这里给家长提供一些有趣的游戏方案，可以带孩子一起互动起来。

讲礼貌游戏 | 学小猫走路

活动目的：启发宝宝学习不打扰别人的行为举动，锻炼手眼和四肢的协调能力。

活动过程：

- 家长和宝宝一起学小猫走路。请宝宝注意，谁发出重重的脚步声，那就一定不是小猫在走路。家长和宝宝模仿大象、熊走路的样子，请宝宝说一说，什么样的脚步声不会打扰到别人。

• 让宝宝说一说，还有哪些动物走起路来声音很小，然后可以模仿一下。

注意事项：

这个游戏运用在日常生活中，比如遇到需要宝宝走路脚步轻的时候，可以和他说：“我们一起来学小猫走路吧！”时间长了，孩子就学会轻轻走路不打扰别人了。

音乐游戏｜礼貌歌

活动目的：通过歌曲进行律动。

活动准备：饮料瓶，黄豆或大米。

活动过程：

• 自制乐器“沙筒”：家长把黄豆或大米装入饮料瓶，装1/3即可，拧紧瓶盖。

• 家长跟宝宝一起先熟悉一遍歌词。

• 家长和宝宝一起边唱边根据歌词做动作。

• 家长和宝宝一起有节奏地边摇“沙筒”边唱儿歌。

《礼貌歌》

见面要说，你好！分开要说，再见！

有客人要说，请坐！遇到分享要说，谢谢！

礼貌是对待他的方式，礼貌能表达我的关心，

礼貌是让大家喜欢和你在一起！

做错事说，对不起！不好意思说，打扰了！

公共场合，音量小，主动帮忙，你真好！

礼貌是对待他的方式，礼貌能表达我的关心，

礼貌是让大家喜欢和你在一起！

文明礼仪热点问答

Q：为什么孩子对有些人打招呼，对有些人就不愿意打招呼？

A：可以放心的是，孩子的表现说明他已经学会“打招呼”这个礼貌行为。孩子不乐意打招呼，可能是因为第一次见到对方，他下意识地拒绝，还有可能是孩子对大人打招呼的方式不太喜欢。孩子的社交方式和大人是不一样的，有时候孩子并不能接受大人的方式。我们可以这样处理：第一，不要强迫孩子打招呼，不要冲孩子发脾气或当众训他，他也会感觉丢脸。第二，给孩子一个缓冲的时间，可以这样对他说：“宝贝，妈妈知道你第一次见这个叔叔，有点儿不熟悉，我们可以下次再打招呼。”第三，事后弄明白孩子不想打招呼的真正原因，再对症下药。

Q：孩子去别人家做客，和小主人争玩具怎么办？

A：到别人家玩之前就要告诉孩子，不要争抢小朋友的玩具，如果喜欢可以询问小朋友愿不愿意跟你分享。可以让孩子换位思考一下，如果爸爸妈妈突然抢了他喜欢的玩具，是不是他也会不开心。同时，也要告诉孩子，如果跟小朋友玩的过程中因为某些事情感到委屈，可以告诉爸爸妈妈，而不是乱发脾气，让孩子明白，爸爸妈妈很愿意听他分享自己的情绪，然后大家一起想办法解决。

Q：孩子在餐厅吃饭，会把不喜欢吃的东西扔得到处都是，该怎么办？

A：处理这样的问题，可以分三步。第一步，先了解孩子这样做的原因，是“不喜欢吃”还是“在跟爸爸妈妈抗议”，了解原因后，再进行下一步。第二步，让孩子知道，如果不高兴可以告诉爸爸妈妈，这样的发泄方式很不对；让孩子知道，只有不挑食，“食物小魔法”才能在肚子里发挥最大作用。如果实在不喜欢吃，可以把不喜欢的东西挑出来放到一边的纸巾上，饭后收拾进垃圾桶。第三步，找工具和孩子一起把乱扔的食物收拾进垃圾桶，让孩子知道不礼貌的行为会给别人添麻烦，是不对的，需要承担责任。

Q：孩子出去玩，会挡在滑梯上不下来，该怎么办？

A：所有的孩子对自己喜欢的玩具都有占有心态，这是正常的。但是，在孩子出现这样的情况后，可以当场明确制止孩子的行为，让其他孩子玩下去。在家里可以进行模拟，比如，爸爸假装霸占宝贝最喜欢的玩具，模仿孩子在滑梯上的行为或语言，让孩子亲身感受一下这样的待遇。当然，最后爸爸需要给孩子道歉，既表达对孩子的尊重，又给孩子做好的行为示范。

Q：带孩子在别人家做客时，他突然大喊大叫，怎么办？

A：0～6岁的孩子总会有突然“脱轨”的时刻，但并不代表他们不讲礼貌，所以在制止孩子的时候，一定不要用“你怎么这么不懂事儿”这样的语言，而要准确地指出孩子错误的行为，比如，可以说：“你这样大喊大叫，一点儿也不礼貌。”许多孩子突然大声尖叫，只是为了表达开心或激动的情绪，父母可以引导他们更好地表达：“孩子，我知道来到阿姨这里你很高兴。你可以去告诉阿姨：‘阿姨，谢谢你的款待，我今天真开心。’。”让孩子知道，任何情绪都可以很好地用语言表达出来，别人也能迅速明白他的想法，而吼出来是没有办法进行有效沟通的。

CHAPTER

10

不怕看医生

儿童行为问题

洋洋感冒发热两天了，但说什么也不肯去医院。于是，妈妈骗他说："那咱们不去医院，去游乐园吧。"洋洋一听来了精神，马上同意了。坐上车，很快到了医院，洋洋一看，哭着不肯下车："我不要打针，我要回家！"每次去医院都像是在上酷刑，可生病了又怕耽误，洋洋妈妈很是头疼。

贾军老师来解读

怕看医生，可能跟痛苦经历有关

一开始，孩子并不害怕看医生，但看医生后通常要抽血或打针，所以一说去医院，孩子立即就会把看医生和打针联系在一起。这种痛苦经历会导致孩子害怕医生，甚至跟医院沾边儿的都害怕，抗拒看医生也在情理之中。如果强迫孩子去看医生不仅会加深恐惧感，还可能造成心理伤害。

可能平时吓唬过孩子

孩子害怕看医生，还可能与家长吓唬过孩子有很大关系。孩子有时不听话，有些家长就吓唬孩子：“你要是不听话，就让医生给你打针！”结果孩子真的被吓住了，于是家长就经常用这招，慢慢地，孩子就会觉得看医生是一件无比恐怖的事情。

哄骗让孩子特别反感

很多家长会哄骗不想去医院的孩子，就像本节开头的洋洋妈妈一样，骗孩子说是“去游乐场玩”。这样做的坏处是，孩子不仅会对家长的欺骗产生愤怒和不信任，还会更加认定医院不是好地方，医生令人害怕。

有些家长为了让孩子打针时能安静地配合，哄骗孩子说：“打针一点儿都不痛。”结果孩子发现打针很痛，于是更害怕看医生了，同时对家长的话也不那么相信了。

压抑气氛让孩子感到害怕

孩子病了，家长会着急，有时候免不了相互埋怨，老人还可能表现出特别紧张的样子。这种紧张、压抑的气氛让孩子感到害怕，并认为所有和疾病相关的事情都是不好的，从而加重对医生的负面看法。另外，看到别的小朋友打针时的哭闹和挣扎，也会让孩子感到害怕。

知识链接：害怕看医生可能跟条件反射有关

著名生理学家巴甫洛夫曾做过一个经典的实验。在小狗饥饿时，先敲响铃铛再喂食，久而久之，小狗听到铃声就开始流口水，这就是“条件反射”。我们人类也会出现条件反射，孩子一开始并不害怕看医生，打过几次针、吃过几次药后，就把疼痛和药难吃跟医生联系在一起，变得害怕看医生了。

贾军老师来支招

父母先消除焦虑

孩子生病了，父母必须处理好自己的情绪，要从容、平和地去面对，相信医生一定会处理好。否则，如果因为宝宝生病就表现得焦躁不安，这种情绪会影响到孩子，他会觉得这个问题很严重，随之产生恐惧心理，并且变得抗拒。

▌角色扮演，模拟看病

让孩子在家模拟医生看病的流程，比如，让孩子给洋娃娃听诊、询问病情、打针等，孩子会在很大程度上降低对医生的恐惧感。通过角色扮演游戏，可以让孩子用轻松自然的方式来熟悉看病的过程，减轻甚至消除恐惧心理。

▌实话实说，做好心理准备

如实告诉孩子看医生的真实情况，不夸大、不缩小，给孩子一个正确、合适的心理预期，更有利于孩子保持稳定的情绪。孩子有了心理准备，会大幅度提升他对疼痛耐受的阈值，这样他就真的不会觉得特别疼痛了。

• 对勇敢的宝宝可以这样说：“等下要打针，有一点儿疼，但打针能帮你战胜疾病，你能坚持吗？”“妈妈相信你是一个勇敢的孩子。”

• 对敏感的宝宝可以这样说：“宝宝生病了，妈妈知道你很难受。一会儿医生要给宝宝看病，打针时会有一点儿痛，但可以忍受，打针后病就会好，就不难受了。”

▌及时鼓励和表扬

当孩子看完医生后，家长要及时表扬孩子的勇敢表现，告诉他：“宝宝，你今天表现真勇敢，虽然打针有一点儿疼，但你没有哭，妈妈真为你骄傲。”鼓励、赞扬孩子，这样孩子慢慢就会形成小英雄的情结，对很多事情勇于担当。

小游戏，大能力

角色扮演游戏 | 我是小医生

活动目的：了解相关看病流程，减少就医时的恐惧感。

活动准备：毛绒玩具、玩具医疗箱（有温度计、听诊器、注射器、口腔镜、反射锤、记录本等）。

活动过程：

- 毛绒玩具充当病人，让宝宝当医生，戴上听诊器，把相关医疗器械都摆好。
- 引导宝宝当小医生，询问病人哪儿不舒服，并进行检查。比如，用听诊器听听心跳，用温度计量量体温，还可以看看喉咙、眼睛、耳朵，测量身高、体重等。
- 引导宝宝当小医生，用记录本开出药方，并拿出注射器给“病人”打针。
- 引导宝宝当小医生，嘱咐“病人”注意休息，病很快就会好的。

绘本阅读 | 《我可不怕打针》

活动目的：提高阅读兴趣，与绘本人物产生共鸣，改变对医生的看法，提升对看病的认知。

活动准备：与看医生相关的绘本，如《我可不怕打针》《山猫医生》《你好，安东医生》《加油！熊医生》等。

活动过程：

• 家长带着宝宝读绘本，了解故事内容。

• 请宝宝讲一讲，小主人公先后把自己幻想成哪些小动物，并夸夸勇敢的小主人公。

• 读完故事，可以和孩子聊聊打针的感受，告诉孩子医生很了不起，能帮人解除病痛。

宝宝就医热点问答

Q：宝宝 1 岁多了，每次打针都哭闹，最近要带他去接种疫苗，该如何安抚他呢？

A：首先，通过绘本向孩子讲解疫苗的原理；其次，选择在宝宝吃好、睡好、情绪愉快的时候去接种，最好爸爸妈妈都去，让宝宝从心理上感到很安全，还可以让宝宝带一件他心爱的玩具，那也是宝宝自我认知的一部分，能安抚他的情绪。宝宝打针的时候可以这样对他说："你是个勇敢、坚强的宝宝，爸爸妈妈最喜欢你了！"另外，爸爸妈妈保持平和的心态，也有利于孩子情绪的稳定。

Q：孩子在看病前一直哭闹，怎样才能让他快速安静下来？

A：孩子哭闹不止，可能有身体不舒服的原因，也可能是害怕看医生，家长要适当安慰孩子，并设法转移他的注意力。比如，抱着孩子在周围走动一下，用小玩具逗引他，给孩子轻轻哼唱儿歌，等等，通常能起到一定的效果。如果孩子很紧张，可抱着他轻轻拍拍，跟他说："爸爸妈妈都在这里陪着你，看完病咱们就回家，你就又可以开心地玩了。"附近若有卖气球的，可以给孩子买一个，也有助于缓解紧张情绪。但不建议给孩子买食品，临时吃东西，有可能影响医生的诊断。

Q：如何让孩子配合医生进行检查？

A：在陌生的环境中，坐在高高的椅子上，直接面对陌生人，孩子很容易感到紧张；医生进行检查时会触摸孩子的身体，侵入他的安全距离，这更会让孩子感到害怕，可能会哭闹拒绝。爸爸妈妈可以试试这样做：自己要做到情绪平和，不要把焦虑写在脸上；告诉孩子，医生帮他找出生病的原因，这样才能好得快；把孩子抱到你的腿上坐着，然后和医生交流，让孩子觉得父母在保护自己，感到很安全；检查的时候，告诉孩子会检查哪些地方，让孩子心里有数，紧张感能减轻不少；遇到开明的医生，还可以商量着给孩子一点儿主导权，让孩子决定先检查哪儿，再检查哪儿，孩子会觉得像是在玩游戏，心情就会更轻松，更愿意配合。

Q：3岁的孩子怕疼，拒绝打针，该怎么办？

A：打针确实是很多孩子的噩梦。有些家长哄骗孩子“打针一点儿都不痛”，孩子一打却感觉很痛，下次就会特别抗拒。这种方法不可取。打针就会有点儿痛，这个事实不要回避，家长要做的是帮助孩子克服恐惧心理，让孩子以积极的心态面对，从而把痛苦降到最低。比如，告诉孩子打针的重要性，孩子都很懂事，会接受的；告诉孩子一会儿有个护士姐姐来打针，有点儿痛，但不是特别痛，坚持一下就好了；如果护士还没来，就陪孩子玩一会儿玩具，分散孩子的注意力。另外，打完针后，不论孩子是否哭闹，一定要拥抱孩子，夸他真勇敢，这样下次打针孩子会表现得更好。

Q：孩子 5 岁了，龋齿很严重，但他特别害怕看牙医，每次去医院都紧张得浑身发抖，该怎么办？

A：不仅孩子怕看牙医，很多大人看牙医时也很紧张，一想到那些治疗牙齿的器械发出的“吱吱”声，就容易让人感到紧张。建议爸爸妈妈提前给孩子讲解牙科知识，让孩子自小养成良好的口腔卫生习惯；周末可以带孩子去牙科诊所走走看看，孩子对未知的东西容易感到恐惧，但熟悉环境后就会好得多；告诉孩子如果牙齿出问题了就要及时看牙医，否则，牙齿会特别痛，可以找视频给孩子看。孩子熟悉了牙科诊所的环境，懂得医生是在帮他治疗牙齿，消除疼痛，就会放松下来，并主动配合医生。

Q：每次儿子打针后都会说医生是“坏人”，我要纠正他吗？

A：必须纠正，这对树立孩子正确的人生观非常重要。孩子因为打针很痛，因此归罪于医生，家长不能一笑而过，那会让孩子觉得医生真的是坏人，对孩子今后的成长非常不利。家长可以给孩子讲讲医生是如何帮助人们保持健康的，再讲讲一些著名的医生治病救人的故事，比如白求恩、南丁格尔等，让孩子认识到真正的“坏人”是身体里的病菌，医生是帮助我们战胜病魔的，是人类健康的保护神。

儿童预防接种

CHAPTER

11

讲究公共卫生

儿童行为问题

3岁的豆豆在游乐场玩得很开心，可是妈妈要带他离开时，他就秒变“熊孩子”：生气地把手里的玩具扔到地上，把周围能看到的物体抓起来摔得到处都是，当妈妈制止他时，他还大嚷大叫，随地吐口水，上演了一出“撒泼打滚”的绝技。妈妈感到既丢脸又无可奈何。

贾军老师来解读

当孩子不讲究公共卫生时，千万别这样做

当孩子乱丢垃圾、随地吐痰的时候，有些父母会大声呵斥孩子，或者直接把孩子带走，还有一些父母会替孩子收拾垃圾，选择“孩子一边扔，父母一边捡”，并安慰自己，孩子还很小，长大了再教育也不迟。这些做法都是不可取的。

这些解决问题的方式错误在于，父母关注的不是如何培养孩子的公共卫生习惯，也没有寻找孩子这样做的根源是什么，而是试图在发生问题的第一时间用最直接的方式让出现的问题“消失”。这种掩耳盗铃的做法，对养成孩子的内在习惯没有任何帮助。

记住：“孩子小”不是理由

说到底，“他还小”三个字是造就很多不负责任的“熊孩子”的根源。这背后是儿童观的问题。孩子是独立的个体，他有学习的权利。父母要做的是根据孩子的能力，给他提供学习的机会。

知识链接：亲子关系不好，孩子公共卫生意识差

有研究显示，当儿童不注意公共卫生，出现随地吐痰、乱扔垃圾等行为，而父母选择代劳或大声呵斥管教时，不仅会对儿童未来的社交产生负面影响，还会影响亲子关系。不注重公共卫生习惯的孩子大多与父母处于“过度依赖”或“过度逆反”的关系中，独立性差，或伴有一定的攻击性。

建立心理认知，是养成好习惯的第一步

这里提到的“心理认知”，指孩子对“公共卫生”的理解，父母有没有及时干预。不少孩子对“公共卫生”的理解太宽泛，并不知道乱扔垃圾、随地吐痰这样的行为是不卫生的，父母给孩子构建心理认知，即明确告诉他：“这样做是不对的。”

理解孩子的内在反应，是养成好习惯的关键

“内在反应”指孩子知道这样的行为不对，但他需要表达内心的不满，为了让自己的情绪得到舒缓，他会选择用不正确的行为来激怒养育人。理解孩子的内在反应，才可能帮助孩子调整习惯。

注重以身作则，是养成好习惯的根本

在孩子成长的过程中，他会把父母、小伙伴的行为作为自己的参照物，比如，他会从父母身上学习自己在公共环境中该怎样表现，如果父

母自己不注重类似的问题，孩子身上也会出现类似的问题。所以，父母可以通过纠正自身行为，帮助孩子建立稳定的内心秩序，给孩子做出良好的行为表率，那些“熊孩子”的行为自然而然就消失了。

如果孩子的行为中出现这几种表现，要注意分析父母的原因。

- 随地吐痰、乱扔垃圾等行为发生的过程中，采用的手势、姿态模仿大人。
- 父母越制止，孩子越不听。
- 制止或纠正孩子的行为后，下次依旧我行我素。

贾军老师来支招

当孩子意识到自己是独立的个体时，就可以开始学习遵守“家庭公共秩序”，进而向“社会公共秩序”过渡。父母在培养孩子行为习惯的过程中，因为孩子的心智尚未发育成熟，可能会有“习惯倒退”“情绪逆反”的情况出现，父母需要多一些耐心。

用童话和故事理解概念

在培养孩子形成固定的生活习惯之前，可以让孩子在童话世界里理解公共卫生的概念，驱动孩子的内在动力。比如，父母可以告诉孩子，

垃圾桶是专门吃有害垃圾的“超人”；纸巾是能抓住鼻涕的“魔法斗篷”，如果乱擦鼻涕或者乱扔垃圾，不同的“侠客”就会来捣乱。

对孩子所面对的事情进行演习、预判

在出门前进行演习和预判，会帮助孩子形成判断力，知道自己该怎么做。

• 出门前进行演习。比如，告诉孩子：“一会儿我们要去商场，如果你想小便了，请赶紧告诉妈妈。”提前告诉孩子如何解决自己的生理问题，让孩子不要着急。

• 明确出行顺序，消除未知。出发前提前跟孩子说：“今天我们先去游乐场，然后去买果汁，再去公园看蒲公英，最后回家。”告诉孩子今天玩耍的顺序，避免孩子因为没有玩够而跟父母大吵大闹、讨价还价。

• 对孩子可能出现的情况进行预判。父母也可以这样告诉孩子："宝贝，你不喜欢的事情可以告诉妈妈，不要着急。如果你哭闹，你会很累，妈妈也不知道原因。"通过这样的沟通让孩子知道，如果内心有不满，该怎样让父母直接感觉到。

奖惩要明确

在家里建立小小的"奖惩表"，家里所有人都要遵守。在具体的习惯上形成规则，孩子就知道什么是正确的公共卫生习惯了。比如，如果随地吐口水，要用纸巾把口水擦干净，并扣除当天10分钟看动画片的时间；如果乱丢垃圾，要把垃圾收拾干净，并负责整理家里的卫生一周。

陪伴孩子复盘

每天临睡前，可以陪孩子复盘一下当天的习惯养成。

• 肯定正确的习惯。比如，可以告诉孩子："宝贝，今天你在画板上画了一幅画，没有在墙壁上涂画，保护了一整面白白的墙壁，你做得很对，妈妈真为你感到高兴。"

• 指出错误的习惯。对于错误的习惯，也要及时告诉孩子："宝贝，今天你小便后忘记冲马桶了，这样是不对的，但妈妈提醒后你马上去冲了马桶，并且遵守了我们的奖惩约定，值得表扬。"陪伴孩子复盘的关键是让孩子知道对错，在这个过程中不要指责孩子，立场要温和而坚定。

养成公共卫生习惯的关键

- 形象化解释公共卫生相关习惯，让孩子对规则有简单的了解。
- 进行模拟预判，帮助孩子在陌生环境里也能讲究公共卫生。
- 确定全家都要遵守的行为准则。
- 陪孩子对错误的行为进行复盘、总结、纠错。

小游戏，大能力

其实培养孩子的公共卫生习惯并不难，这里提供几个游戏方案，家长可以带着孩子一起玩。

角色扮演游戏 | 一起来找错

活动目的：锻炼观察能力，提高语言表达能力，培养讲究公共卫生的习惯。

活动准备：可擦洗的颜料笔、玩具等。

活动过程：

• 家长和孩子约定，家长扮演小宝宝，引导孩子来找家长的错误行为，比如，把玩具到处乱扔，把颜料弄得到处都是，等等。

• 请孩子说一说，到底错在哪儿，应该怎么改正。

• 家长和孩子一起行动，收拾玩具，擦干净颜料。

创意游戏 | 和孩子一起动手画画

活动目的：锻炼手部精细动作，强化乱扔垃圾的危害，建立公共卫生意识。

活动准备：画笔、画纸。

活动过程：

• 家长拿出画笔和画纸，和宝宝一起画一个“地球”。

• 家长引导宝宝说出垃圾的名称，比如香蕉皮、废纸团、鱼刺、易拉罐等，请他画在“地球”上。

• 当整幅画被垃圾填满时，让孩子看看“地球”的样子。

• 引导宝宝想办法把“地球”变美，比如擦掉垃圾，把垃圾送到垃圾箱里，在“地球”上画上花和草。

延伸玩法：

和宝宝一起在床上模拟高空坠物，扔下纸团等垃圾，让孩子观察变化，明白乱扔垃圾的危害。

公共卫生习惯热点问答

Q：为什么孩子有时候故意不遵守公共卫生？

A：不少父母发现，自己的孩子明明很懂事，但当大人训斥他时，他会偷偷跑到另一个房间随地大小便。其实，这极大可能是孩子发现，只要他这样做，就会引起父母的注意。很多时候，孩子的“明知故犯”是在跟父母进行交流，是在表达“你这样对我，我不喜欢，所以我故意做不对的事情”。因此，很多专家建议，培养孩子行为习惯的时候，要把孩子的情绪考虑在内。

Q：好不容易给孩子养成的好习惯，可很容易就跟别的小朋友学坏了，该怎么办？

A：小朋友的行为似乎具有传染性，比如，当一个小朋友故意把积木扔得到处都是时，其他小朋友也会有样学样，把玩具扔来扔去。其实，家长不用太担心。孩子对同龄人的模仿都是出于好奇，如果发现了类似的问题，可以事后跟孩子进行沟通，不要急着给孩子的行为定性，而是让他明白，不需要迎合或者模仿别的小朋友，应该做自己认为正确的事情。

Q：孩子在家里表现得挺好，但在公园就乱扔垃圾，怎么办？

A：孩子并不是不理解规则，而是在他玩耍的时候，觉得手上拿着垃圾是个累赘。父母可以做好两手准备，第一是大概记住公园垃圾桶的位置，引导孩子去喂公园里的“垃圾桶超人”；第二是包里随时准备一个垃圾袋，让孩子把垃圾扔进袋子里。也可以把这项小任务交给孩子：“下次请提醒妈妈准备一个垃圾袋哦。”

Q：如果孩子沾染了随地吐痰的坏习惯，该怎么办？

A：遇到这样的情况，不要急于指责孩子的做法，如果过分指责，会加深孩子对这件事的印象，比如你跟孩子强调“不许乱吐口水”，孩子的认知可能还不懂什么是“不许”，而只是记住了“吐口水”这个行为。同时，可以给孩子做一下正确的示范，比如妈妈在孩子面前咳嗽，然后用一张纸巾捂住嘴巴，最后把纸巾扔到垃圾桶里。简而言之，就是在孩子面前多做积极而且正确的示范，孩子自然就会远离坏习惯。

Q：孩子喜欢把垃圾从车上扔出窗外，该怎么办？

A：如果出现类似的情况要考虑两点：第一，和孩子的沟通方式是不是出现了问题，孩子产生了逆反心态。第二，孩子是不是在探索物体是怎么落地的，家长可以向孩子问清楚。当然，遇到乱扔东西时，家长首先要做的是立刻制止孩子，然后告诉孩子乱扔垃圾，路上的小朋友踩着垃圾可能会摔倒；因为乱扔垃圾，地球爷爷的新衣服被弄脏了；等等，让孩子产生同理心。如果孩子是在探索物体是如何落地的，可以用其他游戏代替这种探索，比如从床上往下扔纸团、从台阶上往下扔沙包等，为孩子提供探索空间。

Q：在培养孩子公共卫生习惯的过程中，父母不能发脾气吗？

A：很多父母在发现孩子有不好习惯的时候很容易着急，会脱口而出“说了多少遍你都记不住”之类的话。这样的情绪是孩子行为习惯容易倒退的重要原因。我们说过，培养孩子的公共卫生习惯，其实也是在培养孩子的内心秩序，所以要注意沟通的三个要点。第一个要点，不对孩子进行语言攻击，先搞定自己的情绪，再弄懂孩子为什么不遵守行为规则。第二个要点，发脾气要有方法，比如，可以先表达情绪“妈妈生气了”；再说“为什么我们约定过上完厕所要冲水，这次你还没有冲，妈妈看到了觉得不舒服”；最后表达期望，“妈妈希望你能遵守咱们的约定”。第三个要点，多问孩子“为什么这样做”，尝试跟孩子共情。

PUSH

CHAPTER

12

远离电子产品

儿童行为问题

3岁的豆豆总喜欢抢大人的手机玩，一玩就停不下来。一到吃饭的时候就要在iPad上看动画片，不给看就一直哭闹，连饭都不吃！看他这番哭闹，姥姥总是会心软，久而久之就养成了边看iPad边吃饭的坏习惯，就连晚上睡觉前也会要求看一会儿手机，不给就哭！

贾军老师来解读

电子屏幕时间过长，对孩子伤害不小

使用电子屏幕时间过长，不仅会影响孩子的视力，还会影响睡眠质量、运动能力等，甚至会损伤孩子的专注力。越小的孩子，越需要在真实环境进行身体及语言互动，如果总是沉迷于电子产品，会影响孩子社会交往能力、情绪管理能力的发展。如果家长过分依赖这位“电子保姆”，对孩子造成的负面影响将是不可逆的。

知识链接：过度使用电子产品危害大

2016年，来自六大洲38个国家的全球数据显示，其中35个参与国家的60%~93%的儿童青少年每天屏幕暴露时间超过2小时。

越来越多的研究将过度和成瘾的数字媒体使用与生理、心理、社会和神经方面的不良后果联系起来。过度屏幕暴露会导致儿童肥胖、视力受损、语言发育迟缓、注意力不集中、社交障碍等。

孩子沉溺电子产品，父母需要好好反省

不要总是抱怨孩子爱玩电子产品，孩子就是你的“镜子”，他不过是有样学样罢了！很多父母自己就是“手机控”，每天吃饭看手机、走

路看手机，手机不离手。在这样的氛围里，孩子会对手机视而不见吗？

家长这些做法不可取

很多家长把电子产品当成“哄娃神器”。孩子不好好吃饭了，看一会儿手机吧！孩子不乖乖睡觉了，看一会儿手机吧！带孩子出去和其他朋友聚餐，孩子想回家了，看一会儿手机吧！这样的做法虽说见效快，但是后患多。家长不自觉中让孩子将使用手机和这些场景联系起来，慢慢地，孩子索要手机的频率会越来越高，索取态度也会越来越强硬。

电子产品不是“猛兽”

在对待“电子产品”这个问题上，家长容易出现两个极端，要么把它当成“哄娃神器”，要么见到它就“如临大敌”。

现在是电子信息化时代，电视、手机、电脑已经成为孩子生活中的一部分，也会成为他们未来学习中很重要的一项工具，孩子将不可避免地接触到它们。如果一味禁止，只会增加孩子对电子产品的好奇，等哪一天这个“潘多拉的盒子”打开了，孩子很可能并没有做好迎接它的准备。

贾军老师来支招

面对电子产品，我们要做的不是“禁止”，而是适度地“限制”，这有利于培养孩子的延迟满足能力、计划性与规则感。如何限制呢？需要有好方法！

创造一个“去电子化”的家庭环境

在家中准备一个废旧的盒子，制作一个“电子产品的家”。家长回到家后将手机调成静音状态，把它放进“家”里，尽量做到陪伴孩子的

时候心无旁骛，没有电子产品的干扰。现在有很多家庭都将客厅里的电视柜打造成书柜，把客厅设计成书房，有条件的家长可以尝试哦！

一起制订“电子产品使用”时间表

请家长和孩子一起制订时间表，将电子产品使用的时间和规则固定下来，比如，规定每天可以使用两次手机，每次不能超过20分钟；餐桌上，全家人不能使用电子产品。家长可以提前买一个计时器或沙漏，帮助孩子计时！

设定奖惩好办法

家长还需要和孩子一起商量好奖惩的办法，如果孩子遵守规则，及时给予鼓励和奖励，比如每天可以得到一朵小红花，攒够5朵，周末可以在外面多玩1小时。如果孩子不遵守规则，需要有原则地拒绝。

国家卫生和计划生育委员会办公厅发布的《儿童眼及视力保健技术规范》建议：

- 2岁以下儿童尽量避免操作各种电子视频产品。
- 儿童操作各种电子视频产品时间每次不宜超过20分钟，每天累计时间建议不超过1小时。
- 眼睛与各种电子产品荧光屏的距离一般为屏面对角线的5～7倍，屏面略低于眼高。

关掉电子产品前提前告知，让孩子做好心理准备

在关掉电子产品之前，家长最好能提前若干分钟告知孩子“快结束”了，比如，在看动画片之前，提前叮嘱好：“今天上午可以看两集动画片哦。”在一集播放结束后，提醒孩子：“还可以再看一集哦。”让孩子有个心理预期，效果会更好。

让孩子回归纯粹的游戏

平时多带孩子出去玩玩吧！每天户外活动不少于2小时，让孩子自由奔跑于天地之间。相比“电子产品”，0～6岁的孩子更渴望家长的陪伴与关注。家长需要多多发现孩子感兴趣的事情，将孩子更多的注意力转移到户外运动、同伴交往、绘本阅读等活动中去。

知识链接：

2019年，世界卫生组织（WHO）首次发布了《5岁以下儿童的身体活动，久坐行为和睡眠指南》，指南中指出，5岁以下儿童要想健康成长，必须减少坐下来看屏幕，并有更多的时间积极玩耍。家长应该将更多时间用于高质量的互动式非屏幕活动，如阅读、讲故事、唱歌和拼图。

小游戏，大能力

想让孩子心甘情愿地远离电子产品，还需要借助游戏、儿歌来帮忙！

“去电子化”游戏 | 听到电子产品，请闭眼！

活动目的：提升孩子的护眼意识，训练孩子的专注力和反应能力。

活动准备：绘本《眼镜公主》、儿歌《保护眼睛真重要》。

活动过程：

- 家长先给孩子讲述绘本故事，通过有趣的故事让孩子意识到过度使用电子产品会对身体产生伤害。
- 绘本讲述完后，请孩子回顾一下：应该如何爱护自己的眼睛以及如何正确使用电子产品。
- 家长带着孩子念儿歌，强化正确使用电子产品的方法。
- 家长和孩子玩听辨游戏，家长任意说出一连串名词，比如苹果、手机、草莓、电视、月亮等，孩子听到“手机”“电视”“电脑”这些电子产品名称时，需要闭眼或者做出用两只手遮住眼睛的动作。
- 家长和孩子互换角色，游戏结束后奖励获胜者。

《保护眼睛真重要》

保护眼睛真重要，小朋友们要记牢。

读书画画坐端正，眼睛离桌一尺遥。

手机电视和电脑，长时间看很不好。

二十分钟停一停，远处看看眼睛好。

眼动操 | 动动眼睛，亮晶晶

活动目的：缓解孩子的眼部疲劳，培养爱眼、护眼意识。

活动准备：小手洗干净，儿歌《小眼睛，亮晶晶》。

活动过程：

• 在孩子玩完电子产品或睡觉前，家长带着孩子一边念儿歌一边做“眼动操”。

• 引导孩子随着儿歌内容闭上眼、眨眨眼、转转眼珠。

《小眼睛，亮晶晶》

小小手，伸出来，搓搓手心热乎乎。

小小眼睛快闭上，捂住眼睛真舒服。

眨眨眼，眨眨眼；闭闭眼，闭闭眼。

转转我的小眼珠，保护眼睛我会做。

左看看，左看看；右看看，右看看。

小小眼睛保护好，人人夸我眼睛亮。

远离电子产品相关热点问答

Q：担心孩子在玩电子产品时接触到不太好的信息内容，怎么办？

A：家长要为孩子选择专为儿童设计的电子屏幕内容，画面切换速度和频率要慢一些，少一些声、光、电的视觉刺激。不建议让孩子使用短视频内容平台，现在短视频内容质量参差不齐，很多内容非常不适合孩子观看，而且过于碎片化的内容会损伤孩子的注意力。所以，请各位家长不要在孩子面前刷短视频，更不要让孩子自己刷短视频。有条件的家长可以为孩子购买一个专属的儿童学习平板电脑，专门下载适合孩子使用、观看的软件。

Q：孩子需要用电子产品上网课，但是又害怕伤害到他的眼睛，怎么办？

A：2岁之前的宝宝建议不要上网课；2～5岁的孩子每天的电子屏幕时间也要控制在1小时之内，每次20分钟。家长在为孩子选择网课的时候，要注意网课的时长，确定每次课程在20分钟左右。如果时长超过20分钟，暂停课程，让孩子的眼睛休息一下，可以使用“20-20-20护眼法则”让眼睛得到休息。“20-20-20护眼法测”为：使用屏幕20分钟以后，眨眼20秒，抬头远眺20英尺（约6米）之外20秒以上。

Q：给孩子戴防蓝光眼镜有用吗？能预防近视吗？

A: 只有波长在445纳米以下的短波蓝光才是有害蓝光，当它在高强光、照射时间长的情况下会对视网膜产生损害。正常情况下一般不会伤害到眼睛。质量合格的电子产品已经过滤了大部分有害的短波蓝光，其蓝光危害值基本处于无危险级别。也就是说，正确使用手机、平板电脑所接触到的蓝光一般不会对眼睛造成损害。另外，目前也没有蓝光导致近视的直接证据。因此家长不必过分担忧，更不要盲目依赖“蓝光眼镜”而延长孩子使用电子产品的时间。想要使用电子产品不伤眼，最重要的是选择合适的电子产品，控制时长、距离，注意使用时的姿势。

Q：孩子总是沉迷于某个电子游戏，怎么办？

A：很多爸爸都喜欢玩电子游戏，孩子自然也耳濡目染，所以请不要在孩子面前玩游戏。家长要为孩子选择专为儿童开发设计的电子游戏，避开暴力、速度类游戏，多为孩子选择思考及沟通、协作类的电子游戏。每次电子游戏的时间不超过20分钟。如果孩子已经对电子游戏成瘾，家长可以选择一些类似的益智类桌游来代替，并适当增加户外活动时间。

Q：从小就不让孩子接触电子产品行不行？

A：电子产品如果使用得当，会对孩子的发展起到积极的作用。比如，优质的双语动画片、儿童纪录片等，可以很好地发展孩子的语言能力、审美能力，拓宽孩子的认知与眼界；设计科学的互动类电子游戏也可以很好地训练孩子的精细动作、思维能力、记忆力等。所以，不要一提到电子产品就如临大敌。真正好的教育不是给予孩子全方位的保护，而是让他学会自我保护。所以，不用刻意地禁止孩子使用电子产品，与其禁止，还不如教他如何用科学的方法面对电子产品。

Q：孩子喜欢一边吃饭一边看电子产品，怎么办？

A: 很多时候，孩子不好好吃饭，家长就会想到拿手机作为诱饵，让孩子大口吃饭，久而久之就让孩子养成了一边吃饭一边看电子产品的坏习惯。这是一种非常不健康的饮食习惯。家长平时可以给孩子看一些保护视力的绘本，让他慢慢意识到保护眼睛的重要性，以及过度使用电子屏幕会伤害眼睛。家长也可以和孩子玩角色扮演的游戏，比如，家长扮演各种蔬菜和肉类，很伤心地说：“小主人不喜欢我！我很伤心，每次吃饭的时候都不看着我，就一直看着手机。”吃饭的时候，家长还可以通过一些游戏的方式让孩子对吃饭本身感兴趣，比如，给西蓝花排排队，看看谁先把它们吃掉。改掉坏习惯需要时间，家长不要太着急，注意循序渐进，可以每天缩短一点使用电子产品的时间，直到彻底地改掉这个坏习惯。